LA PETITE FILLE
A LA FENÊTRE

Liste alphabétique complète des

Romans d'Exbrayat

(Masque et Club des Masques)

	Masque	Club des masques
Aimez-vous la pizza ?	700	55
Amour et sparadrap	680	21
Les amours auvergnates	1001	506
Les amoureux de Léningrad	1061	157
Au " Trois Cassoulets "	1154	229
Avanti la musica	715	43
La balade de Jenny Plumpett	1481	
Barthélemy et sa colère	854	354
La belle Véronaise	1210	268
Les blondes et papa	727	126
Bye, bye, chérie	1330	562
Caroline sur son banc	1556	
Ce mort que nul n'aimait	625	133
Ces sacrées Florentines	1046	147
C'est pas Dieu possible	1308	544
Cet imbécile de Ludovic	674	85
Chant funèbre pour un gitan	1012	145
Le château des amours mortes	1608	
Chewing-gum et spaghetti	665	12
Chianti et Coca Cola	897	33
Le clan Morembert	1098	520
Le colonel est retourné chez lui	875	170
Les dames du Creusot	904	398
Le dernier des salauds	958	454
Des amours compliquées	1457	
Des demoiselles imprudentes	721	369
Des filles si tranquilles	1123	529
Deux enfants tristes	1423	555
Dors tranquille, Katherine	762	286
Les douceurs provinciales	1744	51
Elle avait trop de mémoire	583	27
En souvenir d'Alice	1469	
Encore vous, Imogène ?	753	118
Espion où es-tu ? M'entends-tu ?	1761	98
Et qu'ça saute !	1751	106
Félicité de la Croix-Rousse	1033	215
Les fiançailles d'Imogène	1176	197
Les filles de Folignazzaro	797	360
Fini de rire, fillette	1512	568
La haine est ma compagne	1634	
L'honneur de Barberine	1741	
La honte de la famille	831	478

	Masque	Club des masques
Il faut chanter, Isabelle	992	498
Imogène est de retour	706	110
Imogène et la veuve blanche	1406	571
Imogène, vous êtes impossible	801	140
L'inspecteur mourra seul	638	19
J'aimais bien Rowena	1345	575
Joyeux Noël, Tony	1768	63
Ma belle Irlandaise	1719	
Mandolines et barbouzes	1805	80
Marie de nos vingt ans	1380	
Méfie-toi, Gone!	741	67
Les menteuses	1141	223
Les messieurs de Delft	839	312
Mets tes pantoufles, Romeo	1713	
Mortimer, comment osez-vous?	969	294
Ne vous fâchez pas, Imogène	647	75
Le nez dans la luzerne	1597	
Notre Imogène	1070	165
La nuit de Santa Cruz	592	378
Olé! toréro	788	303
On se reverra, petite	824	47
Le petit fantôme de Canterbury	1392	
La petite fille à la fenêtre	1188	239
Plaies et bosses	919	59
Le plus beau des Bersagliers	779	88
La plus jolie des garces	1728	
Porridge et polenta	1291	345
Pour Belinda	975	393
Pour ses beaux yeux	1167	537
Pourquoi tuer le pépé?	1220	256
Le quadrille de Bologne	1821	102
Quand Mario reviendra	1240	318
Quel gâchis, inspecteur	814	39
Qui veut affoler Martine?	1278	336
Le quintette de Bergame	978	181
Le sage de Sauvenat	1667	
Sainte Crapule	1256	327
Le temps se gâte à Zakopane	1840	92
Ton amour et ma jeunesse	1227	247
Tout le monde l'aimait	1086	205
Trahisons en tout genre	1566	
Tu n'aurais pas dû, Marguerite	1430	
Un bien bel homme	1116	277
Un cœur d'artichaut	1536	487
Un garçon sans malice	1782	
Un joli petit coin pour mourir	1020	190
Une brune aux yeux bleus	935	71
Une petite morte de rien du tout	893	414
Une ravissante idiote	1827	114
Une vieille tendresse	1645	
Vous auriez pas vu la Jeanne, des fois?	1755	
Vous manquez de tenue, Archibald	872	384
Vous souvenez-vous de Paco?	616	5
Le voyage inutile	925	441

EXBRAYAT

LA PETITE FILLE
A LA FENÊTRE

LIBRAIRIE DES CHAMPS-ÉLYSÉES

© EXBRAYAT ET LIBRAIRIE DES CHAMPS-ÉLYSÉES, 1972.
Tous droits de traduction, reproduction, adaptation, représentation réservés pour tous pays.

CHAPITRE PREMIER

La porte s'ouvrit avec une violence parfaitement inadmissible et Adeline me cria :
— Alors, je vous le prépare ce thé, oui ou non ?
— Il est tard et...
— Il est exactement 16 heures ! Si vous vous figurez me l'apprendre, docteur Beauvoisin !

Je baisse un peu la tête, car je redoute ce qui va suivre.
— Je crois que... enfin que je ne goûterai pas aujourd'hui.
— Tiens donc ! et pourquoi s'il vous plaît ?

Je ne réponds pas puisque étant au courant, elle ne me pose la question que pour m'irriter. Cela ne l'empêche pas de continuer.
— Ce ne serait pas à cause de votre demoiselle, des fois ?
— Vous savez très bien que j'ai rendez-vous avec elle à 16 h 30 au plus tard, sinon elle se fait du mauvais sang et imagine que je ne vais pas venir.

Adeline a un ricanement où je démêle du cynisme,

du mépris et un tas de sentiments hétéroclites, mais peu aimables à mon égard.

— Si ce n'est pas malheureux, un homme pareil, se faire volontairement l'esclave d'une... d'une...

— Attention à ce que vous allez dire, Adeline !

— Bon, bon ! je me tais, puisque de toute façon, les gens de bon sens ne sont pas écoutés dans cette maison. A quelle heure estimez-vous que votre chérie vous autorisera à la quitter et à regagner votre domicile ?

— Comme d'habitude, je pense.

— Vous pensez !

J'ai droit, cette fois, à une sorte de hennissement vengeur et Adeline quitte la pièce en déplaçant l'air avec ses soixante-dix-huit kilos qu'animent les muscles demeurés solides en dépit de leur soixante-huit printemps. Je la soupçonne d'être jalouse d'Elisabeth. Elle est à mon service depuis si longtemps qu'elle n'admet pas que le vieux garçon que je suis puisse obéir à une autre qu'elle. Elle me soigne, elle me dorlote, veille sur ma santé avec une attention qui ne s'accorde point de répit. Elle ne veut pas que je parte avant elle et j'ai soixante-douze ans, dont presque cinquante ont été consacrés à soigner les habitants de ma chère ville d'Albi et à mettre au monde des générations de bébés albigeois devenus aujourd'hui de solides matrones ou des pères sévères.

C'est vrai que j'aime Elisabeth et plus encore qu'Adeline ne le suppose. Je ferais n'importe quoi, même les choses les plus folles pour lui éviter le moindre chagrin. Elle est un peu la fille ou mieux la petite-fille que je n'ai pas eue. Je crois qu'elle me rend l'affection que je lui porte et qu'elle est heureuse lorsque je suis auprès d'elle. Il n'y a qu'Adeline pour prétendre le contraire, mais je ne suis pas certain qu'elle soit sincère quand elle feint d'éprouver de l'animosité envers Elisabeth, et lorsque, de temps à autre, je ramène celle-ci à la maison pour quelques heures, ma vieille gouvernante est la première à lui faire fête. Pour moi, je suis persuadé que si Elisabeth disparaissait, j'aurais vite achevé le temps qu'il me reste à traîner sur cette terre. Elisabeth est l'amour de ma vie, la consolation de mes vieux jours. Malheureusement, elle n'a que treize ans et je crains de ne pas avoir la permission d'être là quand elle fêtera sa majorité. Je préfère n'y pas songer.

J'aime cette petite fille silencieuse, renfermée — peut-être parce que nul ne songe à lui ouvrir les bras ? — à l'esprit beaucoup plus mûr que les enfants de son âge et dont les remarques, qui semblent venir d'un monde translucide, la font détester de tous ceux qui sont obligés de circuler devant la fenêtre de la maisonnette de concierge qu'occupent ses parents en bordure du boulevard Général-Sibille. Elisabeth voit tout, sait tout, entend tout à travers les bribes de conversations qu'elle saisit au passage, les confidences qu'on lui fait comme à une grande personne, les questions qu'elle pose.

Elisabeth vit du matin au soir derrière sa fenêtre fermée en hiver, ouverte en été et de là, surveille une population dont j'ignore encore si elle l'aime ou non. Les enfants s'obligent souvent à un détour pour ne pas être vus par Elisabeth dont ils ont un peu peur. Les enfants sont toujours mal à l'aise devant les infirmes et Elisabeth n'a pratiquement pas de jambes. La polio l'a empoignée sept ans après que je l'eus mise au monde. Je me suis battu de toutes mes forces, sinon pour la guérir, du moins pour atténuer les rigueurs du mal dans la mesure du possible. J'ai échoué et c'est peut-être cet échec qui m'a attaché si profondément à elle. J'ai le sentiment que si je n'ai pu l'aider à devenir pareille aux autres, je dois la protéger contre ces mêmes autres. C'est difficile et la petite ne fait rien pour m'aider, je veux dire qu'elle ne s'impose aucun effort pour plaire. Elle vit dans un ailleurs qu'elle est seule à connaître.

Elisabeth a un véritable don pour imiter les voix des gens qu'elle n'a souvent entendus que cinq ou six fois. Durant la journée, quand il pleut, ce sont les écritures qu'elle s'amuse à contrefaire, et je suis toujours sûr de l'intéresser en lui apportant des lettres sans grand intérêt qui me sont adressées. A treize ans, Elisabeth pourrait être un faussaire de qualité reconnue. Heureusement, elle a aussi d'autres distractions dont la lecture. Depuis que je l'ai soignée et que nous avons passé de longues heures ensemble, elle m'appelle Pépé. Ce n'est pas très original, j'en conviens, mais cela suffit à notre commune tendresse qui, elle non plus, n'a pas grand-chose d'original.

Elisabeth s'appelle Pointel. Son père est magasinier rue Sainte-Cécile, chez Bedous, matériel pour professionnels de la cuisine. Edouard Pointel est un grand et gros homme, « une bonne pâte » comme on dit, incapable d'une méchanceté et tout aussi incapable de générosité. Ses vertus lui ont permis d'acquérir son bâton de maréchal avec ce poste de magasinier où son souci de l'ordre, son honnêteté foncière sont une assurance pour son patron. Je crois qu'il aime bien sa petite fille, pas assez cependant pour prendre sa défense contre Germaine, son épouse et mère d'Elisabeth. Celle-ci est une assez belle femme, ayant à peine atteint la quarantaine. Elle est gardienne, rue Général-Sibille et dispose ainsi pour elle et les siens d'une gentille maisonnette juste derrière le mur séparant la propriété du monde extérieur. La villa et le jardin appartiennent à des gens riches qui vivent essentiellement à Paris et ne viennent s'installer que deux ou trois semaines par an à Albi dont ils sont originaires. Germaine méprise son mari à qui elle reproche sa situation médiocre et montre de l'aversion envers son enfant malheureuse. Elle ne lui pardonne pas une infirmité qui l'humilie, elle, sa maman. Elle reporte toutes ses espérances sur Mado sa fille aînée, une grande brune de vingt-deux ans, délurée, très « dans le vent » et qui vient de se fiancer, on ne sait trop pourquoi, avec le doux et un peu lunaire Pierre Tourniac, caissier à la banque Chapaize, boulevard Carnot. On ne pourrait rêver couple plus mal assorti. Autant Mado aime sortir, danser, rire, s'amuser, autant Pierre est un calme, un tranquille qui apprécie par-dessus tout les soirées en famille. A la vérité, j'éprouve quelque jalousie à son endroit, car il est le meilleur ami d'Elisabeth, à part moi, du moins je l'espère. La petite et lui s'entendent merveilleusement et tous deux se perdent dans de longs conciliabules qui irritent Mado. Pierre n'est ni grand ni petit, ni beau, ni laid et a fêté récemment ses vingt-six ans. Un garçon simple, sans complexe et, somme toute, sympathique. A la vérité, je compte sur lui pour s'occuper de « ma » petite-fille quand je ne serai plus là et, pour faciliter les choses, Elisabeth héritera de son « pépé ».

∴

Je n'habite pas Albi même, mais de l'autre côté du

Tarn, rue de Tendat, depuis que j'ai cédé mon cabinet. A ceux qui s'étonnent qu'amoureux fervent de ma ville, je n'habite pas dans son sein, je réponds que c'est justement parce que je lui suis profondément attaché que je vis là où je vis. De la fenêtre de mon bureau, j'ai la cathédrale-forteresse et le palais de la Berbie sous les yeux. Le soir, durant la belle saison, le soleil couchant enflamme les pierres rouges et fait penser à de gigantesques incendies. Nous autres, Albigeois, gardons toujours au cœur des bribes de souvenirs érudits touchant la croisade de Simon de Montfort. Je crois que nous n'oublierons jamais.

Pour rejoindre Elisabeth — et après qu'Adeline ait soigneusement vérifié que je suis habillé comme il convient, selon le temps et l'heure — je traverse le Pont Vieux, je grimpe, avec lenteur, le quai Choisel un peu raide pour mes vieilles jambes, j'atteins la place de l'Archevêché, la place Sainte-Cécile et, si j'en ai le temps, je m'offre une petite prière dans ma belle cathédrale dont la rigueur extérieure est compensée par la douceur italienne de l'intérieur. J'ignore si je crois en Dieu, mais j'ai plaisir à Le remercier de m'avoir fait naître à Albi. En quittant la maison du Seigneur, je m'enfonce dans les vieux quartiers bruissants d'histoires et par la rue des Prêtres et la rue du Chanoine-Girot, je gagne le boulevard où habite Elisabeth.

J'arrivais chez ma petite-fille, lorsque je vis Tourniac qui quittait la maisonnette des Pointel. Il m'aperçut du même moment et vint à moi, la main tendue. Nous nous entendons parce que nous communions dans une même affection pour Elisabeth.

— Comment allez-vous, docteur ?
— Bien. Et vous ?

— En pleine forme ! Il le faut d'ailleurs, puisque le mariage a lieu dans deux mois.
— Heureux ?
— Vous pensez !

Je ne sais trop pourquoi, mais j'ai l'impression qu'il a forcé la note. Il n'est sûrement pas aussi heureux qu'il tient à m'en persuader.

— J'irai vous voir un de ces jours, docteur. Mme Pointel exige que je lui fournisse au plus tôt, un certificat prénuptial.
— Curieuse idée !
— Vous savez qu'elle n'envisage pas d'un très bon œil la perspective de m'avoir pour gendre. Peut-être espère-t-elle que vous allez me découvrir une maladie qui lui permettra de s'opposer à notre union ?

Il rit pour faire comprendre qu'il plaisante et son rire est également forcé.

— Bon ! eh bien, venez après-demain, lundi.
— Ah ! non, pas lundi ! C'est le dernier jour du mois.
— Et alors ?
— Je convoie la paie de l'usine Espanor. Dites, si j'allais vous voir ce soir ?
— D'accord. 19 heures, ça ira ?
— Entendu pour 19 heures. J'espère ne pas retarder votre dîner.
— Vous ne seriez pas le premier.

***

Elisabeth est une très jolie enfant au buste remarquablement proportionné. Sous ses bouclettes brunes, son visage légèrement émacié a une grande finesse. Ceux qui la voient de dehors jalousent la petite fille. Ils ignorent qu'elle ne peut se mouvoir sans ses béquilles entre lesquelles ballottent ses jambes atrophiées.

A cette heure de la journée, nous sommes seuls, Elisabeth et moi. C'est la raison pour laquelle je l'ai choisie. Le père et la sœur sont à leur travail et la mère se promène en ville. Après nous être embrassés, je m'installe à côté de la petite infirme à qui j'apporte toujours une babiole susceptible de la distraire un instant lorsque je serai parti. Je prends sa main dans la mienne et je m'efforce de lui donner cette tendresse qu'elle ne trouve pas parmi les siens.

— As-tu été sage ?

Elle me fixe de ses grands yeux légèrement cernés.

— Je ne peux pas être autrement, pépé, tu le sais.

— As-tu bien dormi ?

— Oui. J'ai rêvé que je devenais une championne comme celles que j'ai vues à la télé et je courais si vite que personne ne pouvait me rattraper.

Je déteste quand elle se perd dans ce genre de songes qui ne peuvent que lui faire mal. Pour l'obliger à penser à autre chose, je lui apprends que j'ai rencontré Pierre.

Elle me raconte alors qu'ayant une course à faire dans le quartier, Tourniac avait passé un petit moment auprès d'elle. Cela me met de mauvaise humeur. Je n'aurais jamais cru qu'en vieillissant je serais devenu aussi bête. Méchamment, je dis :

— Il paraît que le mariage est dans deux mois ? Il me l'a annoncé d'un air triomphant. En voilà un, au moins, qui est content de son sort.

— Je ne crois pas.

Je reste interloqué un instant, pas tant de ce que la petite m'a dit, que de la façon dont elle l'a dit. Sans violence, sans amertume. Une constatation, sans plus.

— Qu'est-ce que tu racontes ? Pierre adore ta sœur, voyons !
— C'est elle qui ne l'aime pas.
— Elle te l'a confié ?
— Non.
— Il t'en a parlé ?
— Non.
— Alors ?

Elle me dévisage à la manière de la maîtresse d'école examinant l'élève qui la désespère.

— Mado n'a pas besoin de raconter ses histoires pour qu'on les devine et Pierre, quand il se tait, j'entends tout ce qu'il pense.

Cette réflexion m'ennuie parce qu'elle confirme ce dont je me doutais. Néanmoins, j'essaie de combattre cette fâcheuse impression.

— Pourquoi l'épouse-t-il alors ?
— Parce qu'il l'aime beaucoup.
— Et tu prétends que ta sœur...
— ... ne l'aime pas.
— Je me demande ce que tu peux bien connaître à ces histoires-là ?

Elle ne regimbe pas, elle continue d'expliquer, gentiment, comme à un enfant qui ne peut comprendre du premier moment.

— La nuit, quand je ne dors pas, je me mets à la fenêtre de ma chambre. Le boulevard sans personne, c'est joli. Il y a les chats qui se promènent, se rencontrent, se disputent... et puis, les gens qui rentrent du cinéma ou du bal... Ils marchent vite... Quelquefois bras dessus, bras dessous... Quelques-uns s'arrêtent pour s'embrasser. Quand on s'embrasse, c'est parce qu'on s'aime. n'est-ce pas ?

Gêné, je grogne :
— En principe, oui.

Et j'ajoute très vite, avec une parfaite mauvaise foi :

— Ce n'est pas bien d'espionner les gens, Elisabeth.

— Pourquoi ? Ce n'est pas moi qui les appelle, ce sont eux qui viennent se mettre juste sous ma fenêtre... Et puis, ça me plaît de les voir s'embrasser... ils sont tous jolis dans ces moments-là. On dirait des personnages de contes de fées...

— Et Mado, dans tout ça ?

— Elle sort souvent le soir...

— Ah ?

— ... et pas avec Pierre.

— Avec qui ?

— Gilbert Nalliers, l'assureur.

Ce Gilbert Nalliers était un des meneurs de jeu de la société où l'on s'amuse. Beau garçon au verbe facile, il se passionnait pour les autos de course, comme il se doit, et l'on ne comptait plus ses conquêtes. Il m'étonnait qu'il ait pu jeter les yeux sur la très quelconque Mado Pointel autrement qu'en vue d'un divertissement sans lendemain.

— Tu en es sûre ?

— Naturellement.

— Qu'est-ce qui t'autorise à croire qu'ils éprouvent l'un pour l'autre autre chose que de l'amitié ?

— Ils s'embrassent sur la bouche quand ils se quittent et ça dure longtemps.

— Tu as mis Pierre au courant ?

Elle hausse les épaules.

— Ça lui ferait trop de peine.

— Je veux espérer que tu t'es trompée.

— Tu sais, pépé, que j'ai entendu Pierre jurer à Mado qu'il deviendrait vite riche.

— Vraiment ? Et comment s'y prendra-t-il ?

— Je l'ignore. Il ne l'a pas expliqué. Il a seulement assuré ma sœur qu'il se sentait prêt à n'importe quoi pour la rendre heureuse.

Elle se tut une minute puis me demanda :

— Tu penses qu'il est idiot, Pierre ?

— Il est amoureux, c'est à peu près la même chose... Et d'abord, de quelle façon es-tu au courant ?

— J'ai écouté.

— Où ?

— Derrière la porte de la chambre de Mado. Elle y discutait avec Pierre.

— Tu as vraiment de drôles d'habitudes ! Crois-tu qu'une gentille petite fille se conduirait de cette manière ?

Des larmes lui montèrent aux yeux tandis qu'elle me répliquait :

— Une gentille petite fille infirme serait peut-être aimée par ses parents, par sa sœur... Ils auraient pitié... mais moi ? A part toi et Pierre, qui s'occupe de moi ? Alors, je suis bien obligée d'agir comme je le peux pour comprendre ce qu'il se passe, pour essayer de protéger ceux que j'aime.

J'aurais été mieux inspiré de me taire. J'attrapai Elisabeth et la portant dans mes bras, je fis mine de danser ; un peu haletant, je lui murmurai :

— Figure-toi que je suis le Prince Charmant venu visiter la Belle Endormie. Lorsque tu m'embrasseras, mon vieux visage va s'effacer. J'aurai celui d'un beau jeune homme...

— Et je me mettrai à marcher ?

Je n'ai pas répondu et me suis contenté de la serrer un peu plus fort contre moi, tandis qu'elle me chuchotait à l'oreille.

— Tu vois...

*_**

A 19 heures, Tourniac fut exact au rendez-vous. Adeline l'introduisit en grognant dans mon bureau. Lorsque Pierre fut assis en face de moi, je dus prier ma vieille servante de sortir.

— Laissez-nous, à présent, Adeline.

— J'ai compris ! Si je suis de trop, vous pouviez le dire tout de suite, non ?

— Je vous rappelle qu'il s'agit d'une consultation médicale, nom d'un chien !

— Et alors ? qu'est-ce qu'il peut vous raconter dont je ne sois pas au courant, celui-là ? En tout cas, je vous avertis que si vous laissez refroidir votre potage, je ne vous le ferai pas réchauffer ! Faudrait quand même pas me prendre pour un mannequin !

Elle quitta la place de méchante humeur et si je ne l'avais pas connue, j'aurais pu penser qu'elle était vexée pour de bon. Ce n'est pas, d'ailleurs, qu'Adeline soit particulièrement curieuse, simplement elle ne peut supporter que quelqu'un se permette de troubler l'horaire établi par ses soins et qui, pour elle, est la panacée devant me protéger de tous les maux.

Ainsi que je le prévoyais, Tourniac jouissait d'une santé parfaite. Mon auscultation terminée et les questions rituelles posées, je conclus :

— Si Mme Pointel veut s'opposer à votre mariage avec Mado, il faudra qu'elle déniche un autre prétexte que votre état physique.

Tourniac sourit plus par politesse que par conviction. Pour rompre un silence gênant, je remarquai :

— Je n'aurais jamais pensé que Mado épouserait un garçon de votre genre. J'en suis content. Vivre auprès d'un homme posé, tranquille, lui mettra un peu de plomb dans sa jolie tête.

— Moi non plus, docteur, je ne l'aurais jamais pensé... Elle est si... vivante, si gaie... habituée à fréquenter un monde différent de celui où je me plais...

— Dans ces conditions, il est curieux que vous ayez jeté les yeux sur elle, non ?

— Je ne voudrais pas vous paraître infatué, mais ce serait plutôt elle qui m'a remarqué... Je me demande encore pourquoi... Tenez, à vous je peux le confier : elle m'a fait la cour !

— Non ?

— Si ! Je l'ai rencontrée un soir dans un café... On se connaissait un peu, bien sûr. Elle m'a demandé la permission de s'asseoir à la table où j'étais seul, sous prétexte qu'elle s'ennuyait... On a bavardé... Elle m'a avoué qu'elle en avait assez des garçons qui ne songeaient qu'à s'amuser et qu'elle aspirait à faire une fin bourgeoise... Elle ne m'a pas caché que j'étais le genre de mari avec lequel on devait être assuré de mener une existence sans heurt, sans drame... Bref, je n'en croyais pas mes oreilles... Je lui ai dit à mon tour, qu'une fille comme elle ferait sûrement une épouse dont n'importe qui serait fier etc. etc. Nous nous sommes revus, j'ai fréquenté ses parents. Mado n'est plus sortie le soir, ainsi qu'elle en avait la fâcheuse habitude... (J'ai failli lui crier qu'il était un benêt, mais chacun suit son destin) et finalement, lorsque je lui ai parlé mariage, elle m'a écouté... N'est-ce pas merveilleux ?

— Cela avait lieu quand ? je veux dire à quelle époque a débuté ce beau roman d'amour ?

— Oh ! il y a quatre mois, à peu près.

— Et déjà les noces ? Vous êtes pressé !

— Pas moi, elle. Mado a fixé la date.

— En somme, c'est elle qui commande ?

— Il faut que quelqu'un le fasse et je ne suis pas très doué pour le commandement.

Encore un qui s'apprêtait à commettre une belle gaffe. Si j'admettais parfaitement que Pierre soit tombé amoureux d'une petite vamp provinciale, je ne voyais pas ce que Mado avait pu trouver à Pierre, au point de vouloir devenir sa femme... De plus, à quoi rimaient ces trop tendres rendez-vous avec Nalliers ?

— Vous vous plaisez chez les Pointel ?
— Surtout parce qu'il y a Elisabeth.

Ah ! ce petit pincement au cœur...

— Vous aimez beaucoup cette enfant ?
— Beaucoup.
— Elle vous le rend bien.
— Je sais.

Voilà que pour parler d'Elisabeth, sa voix trouvait des intonations qui lui faisaient défaut lorsqu'il était question de Mado. Je feignis de plaisanter :

— Vous n'allez tout de même pas me raconter que vous n'épousez Mado que pour pouvoir vous occuper d'Elisabeth ?

— Non, évidemment... d'autant plus que...
— Que quoi ?
— Que ma fiancée supporte difficilement sa petite sœur. J'ignore ce qu'elle a contre elle...
— La jalousie ne tient jamais compte de la réalité. Dois-je comprendre, Tourniac, que si Elisabeth demeurait seule au monde, vous ne la prendriez pas avec vous ?

Il paraissait gêné.

— Je l'espérais jusqu'à ces derniers temps, mais lorsque j'en ai parlé à Mado, elle m'a déclaré qu'elle n'accepterait pas d'avoir chez elle une gamine qui lui avait suffisamment empoisonné l'existence.

— Alors ? quelle solution envisage-t-elle ?
— Elle m'a affirmé qu'il y avait des établissements.

Je me levai avant qu'il n'ait achevé sa phrase et dis sèchement :

— Vous avez entendu ma gouvernante ? Elle ne souffre pas que je sois en retard au dîner. Rassurez Mme Pointel quant à votre santé et recevez mes vœux de bonheur.

Il semblait tout désorienté.

— Je... je pensais... enfin, nous pensions que... que vous accepteriez d'assister à notre mariage ?

— Je crois qu'il serait beaucoup plus sage que je m'occupe d'Elisabeth pendant ce temps-là. Je doute que Mado tolère d'avoir une infirme dans son cortège de noce. Cela ne ferait pas chic. Bonne nuit.

Depuis que je suis à la retraite, j'ai pour l'habitude de prendre mes repas avec Adeline. Au fond, nous sommes deux vieilles épaves et j'avais jugé qu'il n'était pas mauvais de mettre nos solitudes en commun. Tout en me servant, elle me raconte les ragots qu'elle a recueillis pendant ses courses et je m'assure de ses commentaires. En dépit de sa simplicité, Adeline a du bon sens et va toujours aux explications les plus simples. Ce soir-là j'attendis d'avoir mangé mon fromage et bu le seul verre de vin qu'elle m'autorise deux fois par jour, pour lui parler de Tourniac et de Mado. Je lui confiai mes craintes quant à l'avenir de ce couple hétéroclite.

— Vous comprenez, ma bonne amie, le pauvre Pierre est complètement aveuglé. Il ne voit que sa Mado et il n'y a que sa Mado au monde. Seulement, à mon avis, ladite Mado a tout d'une garce. J'ignore le jeu qu'elle joue, mais elle mène son amoureux par le bout du nez. Je me demande si je ne devrais pas aller lui parler ?

Adeline tapa sur la table.

— Voilà le bouquet ! et en quoi cette histoire-là vous regarde ? Bien sûr que ce Tourniac sera cocu, et alors ? Il ne sera pas le seul dans Albi, j'imagine ? Et si ça lui plaît de se rendre ridicule, c'est son affaire ! Il y a des hommes qui sont nés pour subir n'importe quoi de la part des femmes...

— Qu'en savez-vous ?

Indignée, elle se redressa sur sa chaise.

— Vous oubliez que j'ai été mariée et que si je suis veuve, ce n'est pas de ma faute !

— Excusez-moi, j'avais oublié votre Gaston.

— Parfaitement, Gaston ! Pour être franche, moi aussi je l'ai un peu oublié... Pensez ! quarante ans que je suis veuve !... Je suis excusable, non ? Croyez-vous que je ne me serais pas remariée, si j'avais voulu ? Les amoureux ne manquaient pas ! Malheureusement, je m'étais attachée à un médecin que je prenais pour un saint...

A travers la table, je posai ma main sur la sienne.

— Je sais, Adeline, je sais...

Ma gouvernante a horreur des attendrissements et se montre d'autant plus bourrue qu'elle est plus émue.

— Vous savez ! vous savez ! vous ne savez rien du tout ! et vous voulez que je vous dise ? vous vous fichez de Tourniac et de sa Mado, seulement ce qui vous turlupine, c'est que votre Elisabeth, elle aura Pierre à elle bien plus souvent qu'elle ne vous aura vous et ça, vous ne pouvez pas l'encaisser : est-ce que je me trompe ?

— Tourniac vient de me confier qu'au cas où Elisabeth demeurerait seule, sa sœur envisageait de la placer dans un établissement pour infirmes.

— C'est pas Dieu possible ?

— Hélas... Je sais que la présence constante d'une infirme à la maison est un drôle d'embarras... Je redoute la disparition d'Edouard Pointel. Il est cardiaque... Lui, disparu, sa femme et sa fille aînée se débarrasseraient au plus vite d'Elisabeth...

— Quand vous me racontez ce genre de choses, j'ai envie d'aller tout droit chez ces bonnes femmes et de leur tordre le cou !

— On vous collerait en prison pour le reste de vos jours et qu'est-ce que je deviendrais sans vous ? Au fond, je suis à peu près aussi incapable que la petite de me débrouiller seul... Non, Adeline, il y a un moyen moins radical pour éviter à Elisabeth le sort que ses parents lui promettent.

— Et c'est ?

— Que je l'adopte.

— Hein ?

— Qu'elle devienne ma fille légalement, si vous préférez. Ainsi, elle héritera de mes biens, avec vous Adeline, et pourra s'organiser une existence convenable, en ayant les moyens de se faire servir. Elle ne serait alors à la charge de personne et surtout pas de sa famille.

Cette idée d'adopter Elisabeth devait être depuis longtemps dans mon subconscient pour qu'elle me soit venue si vite à l'esprit au moment où Tourniac me laissait entrevoir l'avenir que les siens réservaient à la petite.

•°•

Le lendemain, un peu fatigué, je ne sortis pas et me contentai de fouiller dans ma bibliothèque pour y lire tout ce qui avait trait aux formalités de l'adoption et je me décidai pour l'adoption simple qui serait moins difficile à faire accepter par les parents que l'adoption plénière.

Le jour suivant, qui était un dimanche, je me rendis en fin de matinée, chez les Pointel. Il n'y avait qu'Elisabeth, toujours à sa fenêtre. Son père, sa mère étaient à la messe et Mado dans un bar quelconque avec Pierre ou un autre. Je profitai donc de cette occasion — que j'espérais un peu en gagnant le boulevard Général-Sibille — pour expliquer à Elisabeth les raisons me faisant souhaiter de l'adopter. Naturellement, je ne lui touchai pas un mot des intentions de sa sœur et lui dis que je désirais être certain qu'après moi, elle aurait encore la possibilité de vivre à sa guise, aussi indépendante que son infirmité le lui permettait.

— Il faudra que je t'appelle papa ?
— Mais non, il n'y aura rien de changé... Simplement, si les tiens sont d'accord, tu t'appelleras Pointel-Beauvoisin au lieu de Pointel tout court.
— Et j'irai vivre chez toi ?
— Je ne veux pas t'enlever à ta famille !
— Tu crois que ça leur ferait de la peine de ne plus me voir ?
— J'en suis sûr !
— Pas moi.

Avec les parents, je rencontrai moins de difficultés que je ne l'aurais cru. Je dois rendre cette justice à Mme Pointel, elle ne feignit pas un chagrin qu'elle ne ressentait pas et la perspective d'être financièrement débarrassée d'une infirme qui lui donnait des soucis, la soulageait d'un grand poids. L'assurance qu'Elisabeth serait mon héritière apaisa les craintes du père qui, visiblement, se sentait mauvaise conscience. S'il eut été seul, il aurait sans doute refusé ma demande, mais il n'ignorait pas ce que pensait sa femme. Il se contenta de réclamer quelques explications.

— Finalement, qu'est-ce qu'il y aura de modifié, par rapport à maintenant ?

Je lui assurai que l'unique changement officiel serait l'ajout de mon nom à celui qu'Elisabeth portait depuis sa naissance. Contrairement à mon attente, cela parut affecter Edouard.

— Ah ? elle ne portera plus seulement mon nom ?

Mme Pointel me dispensa de répondre en prenant l'offensive.

— Et alors ? Tu t'imagines qu'il est si important, ton nom ? Il n'est jamais que celui d'un raté, incapable d'entretenir dignement sa famille !

Humilié, Edouard quitta la place alors que Mado entrait dans la pièce. A notre vue, elle marqua un temps d'arrêt, nous regarda les uns après les autres et, une légère inquiétude en filigrane dans la voix, s'enquit :

— Qu'est-ce qu'il se passe ?

Sa mère la mit rapidement au courant de ma démarche. La jeune fille me fixa, stupéfaite, et ricana :

— Je vous souhaite bien du plaisir, docteur ! En tout cas, si vous désiriez mon approbation, vous l'avez et avec mes remerciements personnels !

Elle se tourna vers sa sœur et bouffonna :

— Mademoiselle Pointel-Beauvoisin ! Marrant !

Elle s'arrêta brusquement et lorsqu'elle se remit à parler, ce fut pour dire d'un ton amer :

— Avec ses jambes en pâté de foie, elle trouve le moyen, celle-là, de devenir quelqu'un de riche, tandis que moi, balancée comme je le suis, je dois épouser un minable si je ne tiens pas à rester vieille fille !

Pointel s'insurgea :

— Personne ne t'oblige, Mado !

— Je continuerai à me crever dans mon Monoprix pour quelques centaines de francs tandis que mademoiselle pourra vivre à sa guise ! Vous trouvez que c'est normal, vous autres ?

Elle commençait à m'énerver cette idiote et ce fut très sèchement que je lui répliquai :

— Et que vous ayez des jambes et elle pas, vous estimez que c'est normal ?

Elle se tut, ramassa ses affaires qu'elle avait jetées sur une chaise en entrant. Au moment de sortir, elle me lança :

— Emmenez-la le plus vite possible, docteur, je ne pourrai plus la supporter !

Germaine Pointel protesta :

— Mais il n'est pas question que ta sœur quitte la maison, Mado ! Du moins, pas tout de suite.

— Dans ce cas, c'est moi qui ferai ma valise !

Lorsqu'elle fut partie, je déclarai :

— Je crois — si vous êtes d'accord, ainsi que votre mari, madame — qu'il serait sage d'envisager l'éventualité du départ d'Elisabeth.

— Je le pense aussi, docteur... Je... je n'aurais jamais supposé que Mado réagisse de la sorte... Je me figurais qu'elle était heureuse d'épouser Tourniac... Ah ! docteur, vous avez de la chance d'être seul dans la vie... Que de soucis vous vous êtes évités !

Elle s'affirmait trop bête pour que je perde mon temps à lui répondre.

— Puisque nous nous sommes tous entendus, madame, je vais voir Me Saint-Brice, mon notaire, pour qu'il entame les démarches. A bientôt.

— A bientôt, docteur et... merci pour Elisabeth.

Je me penchai pour embrasser celle qui allait devenir officiellement ma fille. Elle me mit les

bras autour du cou et me chuchota à l'oreille :
— Tu vois qu'ils ne m'aiment pas ?
Je n'eus pas le courage de protester.

⁂

Depuis que je ne travaille plus et sans doute en réaction contre les nombreuses nuits écourtées que m'imposa une clientèle exigeante, je me lève tard. Adeline respecte mes nouvelles habitudes et sachant que je ne prends jamais de petit déjeuner, me laisse dormir de tout mon soûl. Ainsi, je suis rarement debout avant 9 heures et je gagne ma salle de bain où je m'ébats pendant près d'une heure. C'est pour moi un plaisir dont mon métier me priva longtemps. En bref, il est généralement plus de 10 heures lorsque je pénètre dans mon bureau où ma gouvernante me souhaite le bonjour et s'inquiète de ma santé. Par contre, elle ne s'informe jamais de ce que je désire manger au cours du prochain repas. Elle estime qu'elle est seul juge de ce qui me convient et de ce qui m'est préjudiciable. Situation assez vexante — mais sans remède — pour quelqu'un qui, pendant près d'un demi-siècle — a prescrit des régimes alimentaires à autrui.

En ce lundi matin, rendu joyeux par ma victoire de la veille et la perspective d'avoir Elisabeth un peu plus à moi encore, je m'installai à ma table de travail (où je ne travaille plus) et me plongeai dans d'agréables méditations quant à l'usage que j'allais faire des heures que m'offrait la journée s'ouvrant devant moi. L'établissement de cet emploi du temps quotidien est un de mes meilleurs moments. Bien entendu, je devais d'abord téléphoner à Me Saint-Brice pour lui demander un rendez-vous et, selon sa réponse, j'irais visiter Elisabeth en fin de matinée ou dans l'après-midi. J'avais déjà la main sur le téléphone lorsque — ainsi qu'à l'ordinaire — Adeline entra sans frapper. Tout de suite, je fus impressionné par son visage et je craignis un malheur. Je murmurai plus que je ne dis :

— Qu'y a-t-il, Adeline ?

Un étau me broya le cœur.

— Elisabeth ?

Elle me regarde, ahurie.

— Elisabeth ?

— Elle a eu un accident ?

— Pourquoi aurait-elle eu un accident ?

Je m'énervais.

— Vous entrez en catastrophe, comme pour m'annoncer je ne sais quoi d'affreux ! J'ai le droit de penser qu'il est arrivé quelque chose à Elisabeth, non ?

La gouvernante réagit avec violence :

— Elisabeth par-ci ! Elisabeth par-là ! Seigneur Jésus, on dirait, ma parole, qu'il n'y a plus que cette gamine qui compte ! Alors, vous vous figurez que le monde ne peut plus tourner sans votre Elisabeth ?

Je rectifiai doucement :

— Notre Elisabeth, ma vieille.

Chaque fois que je me montre vulgairement familier, Adeline s'attendrit.

— Bon, ça va... Vous me posséderez toujours... Non, il ne s'agit pas de la petite, heureusement... Ce qu'il y a ? C'est que la camionnette de la banque Chapaize qui portait la paie des ouvriers d'Espanor — plus d'un demi-million de nouveaux francs à ce qu'on dit — a été attaquée par des bandits sur la route de Saint-Affrique !

— Un hold-up chez nous !

— Le chauffeur — ce pauvre Montredon, le cousin de l'épicière chez qui je me sers, dans la rue de la Souque — a été tué ainsi que celui qui l'accompagnait, un nommé Burlot. Les assassins n'ont pas perdu leur journée !

— L'usine Espanor ? mais c'est Pierre Tourniac qui devait être le convoyeur ?

— Faut croire que non puisqu'on ne m'a pas parlé de lui.

— Dieu soit loué ! Ç'aurait été un coup terrible pour Elisabeth...

Jusqu'ici, notre ville n'avait guère été contaminée par la vague de violence et d'immoralité qui déferle sur notre pays depuis ces dernières années, et voilà que désormais, Albi rentrait dans le rang, perdait un privilège qui honorait ses habitants. J'en éprouvais de la peine et une certaine humiliation.

— Que voulez-vous, Adeline, ce n'est ni vous ni moi qui pouvons quelque chose. Il ne nous reste qu'à espérer qu'on mettra rapidement la main sur ces bandits et que la justice se montrera un peu moins clémente à leur endroit qu'elle ne l'est habituellement.

Je ne saurais prétendre que Mᵉ Saint-Brice soit mon ami. Une relation courtoise plutôt. Nous nous estimons et nos âges à très peu près identiques, nous font des goûts communs, mais le hasard a voulu que nous ne fréquentions pas les mêmes milieux. Toutefois, Mᵉ Saint-Brice s'est toujours occupé de mes intérêts. Mis au courant du but de ma visite, il m'affirma qu'il n'y aurait aucun obstacle à l'adoption d'Elisabeth puisque les parents étaient d'accord et il me félicita de ma décision.

— Il est réconfortant, docteur, de constater que

ceux qui n'ont plus de soucis se préoccupent des soucis des autres.

— J'aime beaucoup cette enfant, maître, et je crains que dans ma décision, il n'entre un brin d'égoïsme.

— La charité est toujours un peu égoïste et c'est en cela qu'elle demeure humaine.

Nous discutâmes encore un instant sur l'événement de la journée, le hold-up de Saint-Affrique, pour déplorer les mœurs actuelles. Le notaire m'apprit que d'après les derniers renseignements, c'était un individu qui avait attaqué, seul, la camionnette et tué les deux employés de Chapaize.

Quittant l'étude, je pensais que les premières émotions apaisées, la vérité allait peu à peu prendre son vrai visage. Au fil des heures, l'histoire du hold-up se débarbouillerait de son auréole émotionnelle, des détails ajoutés par les conteurs afin d'être mieux écoutés et que, lentement, mais sûrement, on finirait par savoir ce qui s'était exactement passé. Pour le moment, on était certain que l'auteur du hold-up avait agi sans complice, que deux hommes étaient morts et que l'argent avait disparu. En vue de me débarrasser l'esprit de cette ignominie, je résolus d'aller annoncer à Elisabeth les bonnes nouvelles que je rapportais de chez le notaire touchant son adoption.

Midi venait de sonner et les bureaux comme les magasins déversaient des flots de fonctionnaires et d'employés pressés, se heurtant à des ménagères qui, le filet à provisions au bras, se hâtaient vers leurs cuisines.

Sur le trottoir de la rue Mariés, je vis venir à moi celui dont le nom me préoccupait depuis les révélations d'Elisabeth, le beau Gilbert Nalliers. Je dus bientôt me rendre à l'évidence au fur et à mesure que nous approchions l'un de l'autre Nalliers n'avait pas l'air content du tout. S'était-il disputé avec Mado ? Au moment où approchait la date du mariage de celle-ci avec Tourniac, souffrait-il de devoir perdre celle qu'il aimait peut-être ? Nous n'étions, certes, pas des amis lui et moi, mais nous nous connaissions suffisamment pour que je puisse l'aborder sans l'étonner.

— Bonjour, monsieur Nalliers.

Il parut s'arracher à un rêve et avoir quelques difficultés à reprendre pied dans la réalité.

— Oh ! excusez-moi, docteur... J'étais ailleurs...

Perfidement, j'insinuai :

— A votre âge, il n'y a que les amours heureuses ou malheureuses qui soient capables de vous mettre en un pareil état.

Il haussa les épaules et me répliqua, dégoûté :

— J'ai d'autres chats à fouetter que de m'occuper de filles !

— Je ne voudrais pas être indiscret, mais vous m'avez vraiment l'air très soucieux ?

— Il y a de quoi !

— S'il s'agit d'ennuis physiques...

— Je le voudrais, car vous pourriez me guérir ! Docteur, vous n'ignorez certainement pas ce qui a lieu ce matin sur la route de Saint-Affrique ?

— Le hold-up et les deux meurtres ?

— Oui.

— Un événement abominable, sans doute, mais c'est ce pauvre Chapaize qui doit être le plus embêté d'avoir été dépouillé d'une somme pareille.

Rageur, Nalliers s'écria :

— Chapaize, il s'en fout !

— Par exemple !

— Il est assuré ! Et vous connaissez l'imbécile qui l'a assuré ?

— Ma foi, non.
— Moi !
— Et alors ? Ce n'est pas de votre faute si on a attaqué la camionnette de la banque !
— Si vous vous figurez qu'ils vont entrer dans ces considérations au siège de Toulouse ! J'avais cru réussir un exploit en assurant la banque Chapaize contre le vol et voilà que je vais coûter plus d'un demi-million de nouveaux francs à mes employeurs ! Ça m'étonnerait qu'ils m'adressent des félicitations !
— D'ici à vous rendre responsable...
— J'aurai de la chance s'ils se contentent de me changer de poste. Je me plaisais à Albi... J'espérais y poursuivre ma carrière jusqu'à ma retraite et, qui sait ? m'y marier peut-être...

Par le biais du hold-up, nous revenions aux préoccupations sentimentales de Gilbert Nalliers et donc de Mado. L'aimerait-il contrairement à ce que je supposais ? Il faudrait alors admettre que c'était elle qui lui préférait Tourniac ? Franchement, je ne voyais pas pourquoi.

— Allons, monsieur Nalliers, il ne faut pas vous laisser abattre de la sorte. C'est un coup dur, je n'en disconviens pas, mais à votre âge et avec le caractère qu'on vous connaît, je suis sûr que vous surmonterez les obstacles placés subitement sur votre route. Sans compter que la police peut arrêter le voleur assez vite et récupérer l'argent.
— La police !...

Il était clair que l'assureur n'avait qu'une confiance limitée dans la subtilité des limiers albigeois et je pensais que si mon ami, le commissaire Lavollon, l'entendait, il en marquerait du dépit et du plus vif. Au surplus, l'opinion de Nalliers s'avérait injuste, car Lavollon était un garçon de qualité que j'avais souvent vu à l'œuvre dans des affaires moins importantes que celles révolutionnant Albi aujourd'hui — mais qui, pour n'être pas sensationnelles n'en étaient pas moins difficiles. Il s'en était toujours très bien sorti et j'espérais qu'il en serait encore de même cette fois. Je pris congé de Nalliers sans pouvoir le réconforter davantage et me dirigeai aussi vite que je le pus vers le boulevard Général-Sibille.

Chez les Pointel, il n'y avait que le père et la fille. Edouard ne comprenait pas que les femmes de la maison fussent en retard. Le laissant à ses ronchonnements, je mis Elisabeth au courant de mon entrevue avec le notaire. Pointel bourdonnait autour de nous à la façon d'un gros insecte maladroit. Que cela nous plût ou non, nous devions tenir compte de sa présence. Il suffit que je me tourne vers lui pour qu'aussitôt, Edouard reprit ses jérémiades :

— Enfin, vous vous rendez compte, docteur ? Je travaille, moi ! j'ai des heures impératives ! et voilà que je m'amène pour me mettre à table et il n'y a pas de repas ! C'est un monde ! enfin, qu'est-ce qu'elle fabrique ta mère, Elisabeth ?

— Je ne sais pas.

— Elle ne t'a rien dit avant de partir ?

— Maman ne me parle presque jamais quand nous ne sommes que toutes les deux.

Les inquiétudes de Pointel prirent un autre chemin et sa colère fit place à l'inquiétude.

— Pourvu qu'il ne lui soit rien arrivé...

Je l'examinai d'un œil critique sans réussir à décider s'il était sincère ou non. Il était capable de l'être, l'imbécile ! Elisabeth proposa une solution :

— Elle doit bavarder avec des amies.

— Bavarder ? Elle a le temps de bavarder tous les jours !

— Mais tous les jours, il n'y a pas un hold-up, papa.

Elisabeth m'étonnera sans cesse.

— Tu es déjà au courant ?

— Il n'est question que de ça sur le boulevard.

Soulagé de son angoisse légère, Pointel retrouva sa mauvaise humeur.

— Ce n'est pas une raison ! et de son avis, tout le monde s'en fiche, mais il faut qu'elle fourre son nez partout ! Elle joue les policières et pendant ce temps, je me mets la ceinture !

Contrairement à son habitude, Mado fit une entrée discrète. Son père ne lui en sut aucun gré.

— On ne peut pas prétendre que tu te presses pour rentrer, toi !

— J'ai été retenue.

— Oh ! d'ailleurs, tu aurais aussi bien fait de manger sur place, parce que Mme ta mère ne s'est pas encore montrée et, si tu veux mon opinion, on se passera de déjeuner, aujourd'hui !

— Ça m'est égal, je n'ai pas faim.

— Egoïste !

J'étais intrigué par l'attitude de la jeune fille.

— Quelque chose qui ne va pas, Mado ?

— Oh !... j'ai simplement rencontré un copain... Il est dans l'ennui.

— A cause du hold-up ?

Elle me regarda, étonnée.

— Comment le savez-vous ?

— Je l'ai rencontré, moi aussi, et il m'a confié ses soucis.

Elle ne me demanda pas de qui il s'agissait.

— Vous pensez qu'il s'en sortira ?

La réponse d'Elisabeth devança la mienne.

— Tu ne devrais pas te faire de souci, Mado, puisqu'il ne s'agit pas de Pierre.

Furieuse, sa sœur cria :

— Mêle-toi de ce qui te regarde, sale espionne ! Ce n'est pas parce que je suis fiancée que je dois laisser tomber mes amis !

— Tu es bonne, Mado. Je te demande pardon, je ne le savais pas.

La jeune fille me prit à témoin.

— Non, mais écoutez-la ! Elle se fiche de moi, ma parole, cette punaise ! Ah ! la ! la ! quand allez-vous nous en débarrasser ? Personne ne peut plus la souffrir, ici !

Du coin de l'œil, je vis des larmes couler sur la joue d'Elisabeth. Il ne m'appartenait pas, en présence de Pointel, de prendre la défense de sa fille et je le fixai. Il se troubla et protesta mollement.

— Tu exagères, Mado... Ta petite sœur est infirme, tu devrais t'en souvenir de temps à autre.

— Par ma faute ? Non, n'est-ce pas ? Alors, qu'elle me fiche la paix, c'est tout ce que je lui demande !

La petite voix tremblante de la fillette résonna dans le silence subit qui suivait les invectives de sa sœur aînée.

— Mado, je voudrais tant que tu m'aimes un peu...

L'arrivée de Germaine Pointel empêcha Mado de répondre. La mère était tellement excitée par les nouvelles qu'elle apportait qu'elle ne prit absolument pas garde à l'atmosphère tendue qui régnait dans la pièce.

— Ah ! si vous saviez !...

Rouge, Pointel l'interrompit.

— Ce que je sais c'est que j'ai faim et qu'il n'y a rien à manger !

— Je te reconnais bien là, mon pauvre Edouard. Ton ventre ! rien n'existe en dehors de ton ventre ! Tu veux que je te dise ? tu me dégoûtes !

— Germaine ! je ne te permets pas...

Mme Pointel me prit à témoin.

— Un drame a bouleversé sa ville et tout ce qu'il trouve à faire c'est de réclamer à manger !

Avec beaucoup de bon sens, Edouard remarqua qu'il ne voyait pas en quoi le fait de se nourrir normalement influerait le moins du monde sur la marche d'une enquête policière. A quoi il lui fut répondu qu'il avait l'esprit étroit, qu'il manquait de sens poétique et que, si l'on avait su lorsqu'il s'était présenté vingt-trois ans plus tôt chez les Chepoix pour demander la main de leur fille, on aurait été mieux inspiré de la lui refuser, car il y aurait ainsi une femme heureuse de plus sur la terre. Dégoûté, écœuré, Pointel leva les bras au ciel et gémit :

— Et ça parce qu'un voyou a assassiné deux pauvres types et a détroussé un banquier !

— Mais tu ne te rends donc pas compte de l'ampleur de ce drame ?

— Tu m'excuseras, Germaine, mais je me rends surtout compte qu'à moins que tu n'aies décidé de me priver du repas, si tu ne te mets pas tout de suite à la cuisine, je partirai l'estomac vide ou je serai en retard au magasin.

— En retard au magasin ? J'ai l'impression qu'aujourd'hui, ça n'aura pas beaucoup d'importance !

— Toujours à cause du hold-up ?

— Et comment !

— Ma pauvre Germaine... Figure-toi que tous les habitants d'Albi ne te ressemblent pas et qu'il y en a qui ont davantage envie de travailler que de perdre leur temps en cancans inutiles.

— Comme ton patron, le bon M. Bedous, par exemple ?

— Par exemple !

— Eh bien ! tu apprendras qu'un témoin qui a

assisté au massacre et au vol, a eu la présence d'esprit — en dépit de la peur qui le paralysait à moitié, ce qui est très compréhensible — de noter le numéro de la voiture de l'assassin.

— Et alors ?
— Alors, il n'a pas été difficile de retrouver le propriétaire du véhicule.

Malgré moi, j'intervins dans le débat conjugal.
— Et c'est ?

Germaine — qui aurait mérité des gifles — nous regarda les uns après les autres d'un air triomphant. Elle le tenait, son succès. Elle était heureuse, la chipie, de nous faire languir. Exaspéré, Edouard cria :

— Tu vas répondre, n... de D... !
— Tiens, Monsieur n'a plus faim ? Monsieur ne se soucie plus de la nourriture ? Monsieur n'estime plus que je perds mon temps en bavardages inutiles ?

Mado qui, jusqu'alors, s'était complètement désintéressée du débat entre son père et sa mère, protesta :

— Allez, maman, sois chic. Dis-nous de qui il s'agit ?

La Pointel prit une profonde inspiration et annonça en détachant les mots :

— M. Louis Bedous, patron de l'individu que j'ai le regret d'avoir pour époux !

Nous en restâmes tous muets de saisissement, car — à part Elisabeth — nous connaissions tous Louis Bedous. Edouard réagit le premier.

— Ce n'est pas vrai ! Ce n'est pas possible ! pas le patron, voyons ! pas lui !
— Et pourquoi, je te prie ?
— Mais... parce que... parce que c'est le patron !
— La bonne raison ! Maintenant, je vais vous préparer quelque chose.

Mado secoua la tête.

— Pas pour moi, je n'ai plus faim.

Edouard soupira.

— Moi non plus.

Germaine eut un gloussement de mépris.

— Tout à l'heure, ça bramait après la mangeaille !

Elisabeth dit :

— Moi, j'ai faim.

Sa mère la foudroya du regard.

— Tu es bien la fille de ton père, toi ! De l'estomac mais pour ce qui est du cœur !...

La petite s'entêta :

— Je ne connais pas M. Bedous...

— Ce n'est pas une raison ! Quand on n'est pas une égoïste, on s'intéresse aux autres !

— Même quand ils font des hold-up ?

— Assez ou tu vas recevoir une gifle !

Sur sa chaise, absolument effondré, Edouard répétait d'un ton morne :

— Le patron... il serait incapable de faire du tort à quelqu'un... Sauf à sa femme, à ce qu'elle raconte... Paraîtrait qu'il lui serre les cordons de la bourse...

Je demandai :

— Pourquoi ? Son entreprise marche mal ?

— C'est-à-dire qu'elle marcherait bien s'il ne dépensait pas tant.

Germaine protesta :

— Mais tu viens de nous apprendre qu'il se montre regardant avec sa femme ?

— Oh ! avec elle, oui... mais avec l'autre... celle de Toulouse !... Elle lui coûte cher... très cher... trop cher.

Mme Pointel, heureuse de pouvoir vomir sa bile, s'exclama :

— Ainsi, voici l'honorable M. Bedous que tous les bourgeois saluent et que les curés citent en exemple! Un homme marié ayant pour maîtresse une gourgandine qui dévore le patrimoine familial! Eh bien! avec plus d'un demi-million de nouveaux francs, elle va pouvoir s'en payer!

— Tu parles... tu parles!
— C'est clair, non? Ton Bedous aux abois s'est transformé en assassin et en voleur pour les beaux yeux de cette Toulousaine! Le temps me dure qu'on l'arrête et j'irai à son procès!

Les narines dilatées, elle humait déjà les fortes odeurs du scandale. Je la ramenai sur terre.

— Ne pensez-vous pas que vous allez un peu vite en besogne, chère madame? Ce n'est pas parce que Bedous a une maîtresse qu'il est forcément capable de tuer ou de voler.

Pareille à une tigresse à qui on tenterait d'arracher sa proie, elle feula :

— Pourtant, la présence de sa camionnette sur les lieux du crime...
— Un autre que lui pouvait la conduire!

Rageuse, elle siffla :

— Vous les hommes quand il s'agit de vous épauler les uns les autres!...

Rompant le combat, elle se jeta dans sa cuisine comme on se rue à l'assaut.

**

Tout en descendant vers le Tarn, je ne parvenais pas à croire à la culpabilité de Louis Bedous. Il n'avait pas, me semblait-il — le physique de l'emploi. J'avais la conviction, un peu sotte assurément, qu'un criminel devait avoir une apparence particulière ne rappelant en rien celle de ce petit quinquagénaire grassouillet dont les manières onctueuses et les intonations paisibles faisaient davantage penser à un chanoine prébendé qu'à Jack l'Eventreur. Il est vrai que je n'aurais pas non plus supposé que ce paisible commerçant si bien vu du curé de la paroisse ait pu se livrer aux débordements de la passion. Qu'il entretînt une maîtresse exigeante à Toulouse, me stupéfiait. Cependant, je ne réussissais pas à admettre qu'il pût exister, à Albi, sous les traits de l'honorable Louis Bedous, un « docteur Jekyll et Mr Hyde ».

Sur le Vieux Pont, je rencontrai le commissaire Lavollon accompagné d'un grand gaillard que je ne me rappelais pas avoir déjà vu. Lavollon et moi sommes liés depuis longtemps. Il a pratiquement fait toute sa carrière à Albi (il n'est qu'à deux ou trois ans de sa retraite) et j'étais là pour le recevoir, car j'exerçais alors, quand besoin en était, les fonctions de médecin légiste. Je goûtais chez cet homme distingué l'élégance d'un métier qui se faisait toujours oublier. Lettré, Lavollon consacrait aux poètes romains de la décadence les loisirs que lui laissaient ses fonctions.

— J'imagine, mon cher commissaire, que vous devez être sur des charbons ardents avec cette affreuse histoire ?

— Oui, et j'aurais préféré ne pas avoir à m'occuper d'une aussi sordide affaire avant mon départ. Permettez-moi de vous présenter le commissaire Gajoubert du S.R.P.J. de Toulouse qui est venu nous donner un coup de main avec un de ses adjoints. — Le docteur Beauvoisin qui n'exerce plus mais qui est l'homme connaissant le mieux la ville et qui se fera un plaisir, j'en suis sûr, le cas échéant, de vous fournir tous les renseignements que vous pourrez désirer.

J'assurai le policier de Toulouse qu'il pouvait

compter sur moi et nous nous séparâmes en échangeant de cordiales poignées de main.

⁂

Je fus reçu comme je m'y attendais par Adeline qui ne prit même pas la peine de me reprocher un retard qui dépassait tous ceux enregistrés jusqu'ici. Elle se contenta de me regarder d'un air glacé et de ne pas répondre à mes salutations. A table, elle ne desserra pas les dents et me piquant au jeu, je refusai de reprendre d'un petit salé aux lentilles qui est pourtant mon plat favori. Adeline accusa le coup et attendit que j'eus gagné ma chambre pour desservir. La guerre froide dura jusqu'au soir. Ce fut au cours du dîner que je capitulai. Je mangeai une garbure faite avec infiniment de savoir et ma reconnaissance l'emporta sur mon amour-propre.

— J'ai rarement mangé une garbure de cette qualité !

On ne répondit pas. J'ajoutai :

— J'en reprendrais bien une seconde assiette.

On mit la main à la louche et on me servit sans piper mot. Quand j'eus terminé, je m'appuyai au dossier de ma chaise.

— Adeline, vous êtes une sacrée cuisinière !

On eut un frémissement entre l'aile gauche du nez et la commissure correspondante des lèvres tandis qu'une étincelle s'allumait furtivement dans le regard. J'insistai :

— Même à l'*Hostellerie du Grand Saint-Antoine*, je me demande si l'on pourrait me servir une pareille merveille.

On s'abandonna enfin dans un soupir qui vous nettoyait de toute hargne.

— Ma toute bonne, si j'ai été en retard à midi...

— A une heure passée !

— A une heure passée, c'est que j'ai cru devoir rester auprès d'Elisabeth.

D'un trait, je racontai la manière dont Mado et sa mère avaient traité la petite à qui l'on reprochait sa nourriture. Au fur et à mesure que j'avançais dans mon discours, je voyais l'indignation soulever de plus en plus furieusement la poitrine de ma gouvernante. Quand j'eus achevé, elle flanqua sur la table un coup de poing qui fit tressauter les couverts.

— Elles n'ont donc pas d'entrailles ces damnées femelles ! Tenez, vous feriez mieux de ne pas me répéter ces monstruosités, parce que, lorsque je les entends, j'ai envie d'aller tout casser dans la baraque et d'emporter la petite !

Grâce à la garbure et à Elisabeth, Adeline et moi nous étions réconciliés.

∴

Le lendemain, je paressai longuement au lit. Je sentais le besoin d'un peu de solitude après les émotions de la veille. Je ne sortis pas et demeurai dans mon bureau à rêvasser. Je suis assez souvent sujet à ces crises de « flemme ». Sans doute, une réaction à toutes mes années de dur labeur. Adeline m'avait fait une daube à l'albigeoise pour mon déjeuner et en quittant la table, je n'avais qu'une hâte : retrouver mon lit pour rendre plus facile une digestion qui, d'entrée, promettait d'être laborieuse sinon pénible. Ma gouvernante affirme que ce qui est bon ne saurait faire mal — du moins en cuisine — et que les seules nourritures valant la peine d'être prises en considération, sont celles, solides, qui nourrissaient nos aînés. J'ai la faiblesse de partager son point de vue, plus par gourmandise que par raison.

Toutefois, il était écrit que je devrais me débrouiller seul avec ma daube à l'albigeoise, car je ne dormais pas depuis une heure — ce qui est court pour moi — qu'Adeline vint me réveiller pour m'annoncer qu'un policier inconnu demandait à me parler. Elle l'avait introduit dans mon bureau et comme si elle pensait que cela dût précipiter ma hâte à m'habiller, elle déclara :

— C'est un bien bel homme !

*

Je ne fus pas tellement surpris de reconnaître en mon visiteur, le policier qui accompagnait Lavollon et que ce dernier m'avait présenté.

— Je ne sais si vous vous souvenez, docteur... Commissaire Gajoubert...

— Parfaitement... Asseyez-vous, s'il vous plaît et dites-moi ce que je peux faire pour vous ?

— M'aider.

— Si je le puis !

— Voilà... Je ne pense pas vous vexer, docteur, en soulignant qu'Albi n'est pas une grande ville et que comme partout en province, on y demeure à l'affût des mouvements d'autrui... Le commissaire Lavollon estime que nous devons nous montrer le plus discret possible pour éviter cancans et ragots... Mon collègue est persuadé que vous pourriez, si vous le vouliez, me donner sur certains habitants des renseignements que je mettrais beaucoup plus de temps à obtenir, non sans éveiller des curiosités malsaines. Par exemple, j'aimerais que vous me disiez quelques mots de la famille Pointel qui vous est très familière à ce que l'on m'a assuré.

— Les Pointel ? Pourquoi diable s'occuper de ces gens-là ?

— La fille aînée de la maison n'est-elle pas fiancée à un nommé Pierre Tourniac ?

— Je ne vois vraiment pas en quoi ces histoires privées intéressent la police ?

— Mais docteur, parce que l'enquête semble devoir s'orienter sur la personne de ce Pierre Tourniac.

CHAPITRE II

Le policier n'avait pas achevé sa phrase qu'une véritable tornade s'engouffrait dans mon bureau en la personne d'une Adeline que l'indignation catapultait. Avant que mon visiteur et moi-même soyons revenu de notre surprise, ma gouvernante, se plantant devant l'homme du S.R.P.J. toulousain, lui criait :

— Et voilà votre travail ! hein ? On ne parvient pas à savoir qui a fait le coup, alors on tombe sur n'importe qui ! Vous devriez avoir honte de dire des choses pareilles ! Si ce malheureux Pierre était au courant de vos calomnies, il vous attaquerait en diffamation et il aurait raison ! Monsieur, je préfère être dans ma peau que dans la vôtre ! Un conseil : ne vous promenez pas dans Albi en racontant ce que vous venez de raconter ici, vous risqueriez de vous faire lyncher ! A bon entendeur, salut !

Sur ce, elle fit demi-tour et sortit très dignement. Gajoubert me contemplait avec le regard du bovidé voyant son premier train. Je m'efforçais de sourire.

— Ma gouvernante... Elle écoute aux portes. Elle

estime que c'est son devoir. Adeline a une conception originale de ses droits et de ses obligations.

— Je m'en aperçois.

— Au demeurant, une fort honnête femme.

— Parente à ce Tourniac ?

— Absolument pas.

— Dans ce cas, à quoi rime cette agression oratoire ?

— En dépit de sa grave atteinte à la courtoisie due à un hôte, l'intervention d'Adeline vous explique mieux que n'aurait pu le faire une accumulation de détails, l'incrédulité qui serait celle de la ville tout entière, si vous persistiez dans votre erreur.

— Mon erreur ?

— Monsieur le commissaire, il ne faut pas connaître Pierre Tourniac pour le croire capable de voler ou de tuer.

— Pourquoi ?

— Parce que c'est le garçon le plus inoffensif que j'aie rencontré. Il en est même exaspérant, parfois. Il n'ose rien dire, rien tenter. Il ne s'entend bien qu'avec les enfants et les animaux. Il est, en effet, fiancé à Madeleine Pointel et ce mariage me fait peur tant elle est délurée, tant il est benêt. Je vous assure que si vous projetez de vous intéresser à Pierre, vous ferez fausse route.

— Vous êtes très lié avec lui, docteur ?

— Non, mais il se trouve que pour des raisons particulières, je ne passe guère de journées sans aller chez les Pointel où il y a une petite infirme que je considère un peu comme mon enfant et, forcément, depuis ces projets d'union avec Mado, j'ai souvent l'occasion d'y rencontrer Pierre Tourniac qui m'est très sympathique sans que, pour cela, j'éprouve à son endroit de l'affection. Il m'énerve trop souvent par sa veulerie.

Le policier me demanda la permission de fumer et lorsqu'il eut allumé sa cigarette, se mit à parler.

— Docteur, il va y avoir bientôt quinze ans que je pourchasse des criminels de tout poil. Je peux vous assurer qu'il en est à qui vous donneriez le Bon Dieu sans confession en ne vous guidant que sur leur apparence ou leur réputation. Peut-être vous souvenez-vous qu'il y a deux ans, dans la région lyonnaise, parce qu'il avait abattu un agent, on a arrêté un homme que chacun considérait, dans son quartier, comme le plus aimable et le plus honnête des commerçants. Alors, les réputations, les manifestations extérieures, la popularité, tout cela ne compte guère à mes yeux, parce que je suis policier et non juge.

— Il y a quand même un minimum de psychologie...

— Ce n'est pas mon rayon. Pour moi, il y a les preuves et, le cas échéant, l'aveu. Le reste ne relève pas de ma compétence. De plus, j'oserais vous assurer que je possède assez mon métier pour ne pas me lancer à l'aveuglette et risquer la déconfiture avec tous les ennuis qu'elle entraîne. Si j'enquête du côté de Pierre Tourniac, c'est que je possède suffisamment d'indices pour me le permettre. Je ne suis ni un sadique ni un naïf, simplement un fonctionnaire qui fait son boulot du mieux qu'il le peut.

— J'en suis persuadé, mais...

— Laissez-moi finir, docteur. D'après les renseignements obtenus à la banque Chapaize où Tourniac jouit, en effet, de l'estime générale, j'ai appris que d'ordinaire, c'est lui qui est chargé de tenir compagnie au chauffeur de la camionnette emportant la paie de l'usine Espanor.

— Je suis au courant.

— Or, l'avant-veille du crime et pour la première

fois de sa carrière, Tourniac a déclaré qu'il demandait un congé exceptionnel pour la journée du lundi afin de satisfaire à des obligations familiales.

— Il n'a pas de famille !

— Ah ! ah ! docteur, vous voilà déjà intrigué ?

Je m'en voulais de cette stupide réflexion émise sans y prendre garde. Le policier avait indubitablement marqué un point.

— M. Chapaize accorda le congé demandé et un garçon de bureau fut désigné pour remplacer le convoyeur défaillant. Ainsi que vous le savez, il devait mourir dans l'aventure, avec son compagnon. Vu le nombre de gens qui en parlent, je suppose que tout le monde sait, dans Albi, que le véhicule utilisé par l'assassin a été repéré, son numéro relevé.

— Il paraît que c'est celui de l'auto de Louis Bedous ?

— A vos yeux, ce Bedous ressemble-t-il plus à un criminel que Tourniac ?

— Certainement pas.

— Eh bien ! figurez-vous que M. Bedous affirme avoir prêté son auto à Pierre Tourniac venu la chercher le matin de l'attentat.

— Je ne voudrais pas accabler Bedous, mais enfin, c'est lui qui le dit ?

— Non pas, docteur, non pas. Tourniac interrogé, a confirmé les propos du commerçant. Il est allé chercher la voiture à 6 heures du matin.

Je commençais à avoir peur. J'avais la gorge serrée lorsque je le pressais de poursuivre.

— Nous ne savons rien de plus et aujourd'hui, Tourniac travaille à la banque ainsi qu'il le fait tous les jours. Je me propose d'aller le questionner dans le bureau de son patron. S'il est, comme vous me l'assurez, un timide, il sera rassuré par l'ambiance familière. Au commissariat, il risque d'être contracté, de se refermer. Je crois, docteur, que si vous étiez présent, il se sentirait plus à son aise encore.

Il ne me déplaisait pas d'assister à cet interrogatoire. Je pourrais veiller à ce que tout se déroule normalement et aider peut-être ce malheureux Pierre.

— Je vous accompagnerai.

Au même moment, une remarque d'Elisabeth me revint en mémoire. Elle avait entendu Pierre jurer à sa sœur qu'il deviendrait riche et très vite, pour elle. Est-ce que cet imbécile... Mon visage devait refléter mon angoisse et Gajoubert s'enquit :

— Vous ne vous sentez pas bien, docteur ?

— Non, non... Ça va... J'ai soixante-douze ans, vous savez... La machine a des ratés... Elle sert depuis longtemps... Mais cela passe aussi vite que ça vient... Allons-y !

J'avertis Adeline que je ne rentrerais sans doute pas pour déjeuner et que je me rendais auprès de Pierre. Au bas de la maison, la voiture du commissaire attendait, conduite par l'inspecteur Clarens que mon compagnon me présenta.

Octave Chapaize est le dernier d'une de ces grandes familles qui firent d'Albi ce que notre ville est heureusement devenue. C'est un homme de taille moyenne, lourd, au visage sanguin. Il n'a jamais été mon client, sans cela je l'eus mis en garde contre le coup de sang qui me semble le guetter depuis longtemps. Caractère violent, mais aimant la justice, Chapaize est, dans l'ensemble, bien vu et ses employés apprécient même ses foucades. Certains lui reprochent de se croire un peu trop descendu de la cuisse de Jupiter, mais c'est le cas général de ces

grandes lignées provinciales qui ont remplacé les
« bons seigneurs » d'autrefois. Ils en ont hérité la
morgue et pas toujours l'élégance.

Pour l'heure Chapaize avait perdu toute arrogance. Que quelqu'un de sa maison ait pu trahir sa confiance, dépassait son entendement et parmi tous, Pierre Tourniac — qui était un de ceux sur lesquels il croyait pouvoir compter quoi qu'il arrive — le déconcertait. Il refusait d'admettre ce qui n'était d'ailleurs pas encore une évidence. Il jurait que tant qu'on ne lui prouverait pas, noir sur blanc, la culpabilité de Pierre, il ne l'accepterait pas. Jusqu'ici, le banquier m'était indifférent, il me devint sympathique.

Lorsque Pierre — que Chapaize avait appelé par téléphone — parut devant nous, il me fit pitié. D'entrée, je compris qu'il n'avait aucune chance de s'en tirer en face d'un Gajoubert, même s'il était innocent. Il sourit en me voyant et dans le sourire qu'il m'adressa, il y avait une telle confiance que j'en fus presque honteux.

Tout de suite, Gajoubert attaqua.

— Monsieur Tourniac, pourquoi n'avez-vous pas assumé votre rôle de convoyeur hier, jour de l'attentat ?

— J'avais demandé et obtenu un congé de la journée.

— Pour quelles raisons ?

— Affaire personnelle.

— Vous devez comprendre, monsieur Tourniac, qu'en de pareilles circonstances, une réponse de ce genre ne saurait nous suffire ?

— Je devais aller passer la journée à la campagne avec une amie.

— Et c'est pourquoi vous avez emprunté la voiture de M. Bedous ?

— Oui.
— Où vous êtes-vous rendu avec cette amie ?
— Nulle part. Elle n'est pas venue.
— Curieux, non ? Passons... Si votre amie ne vous a pas rejoint, qu'est-ce qui vous a empêché de retourner à votre poste à la banque ?
— J'espérais qu'elle était seulement en retard et je l'ai attendue.
— Bien sûr... Monsieur Tourniac, je me vois dans l'obligation de vous demander le nom de cette amie.
— Madeleine Pointel, ma fiancée.
— Cette jeune fille ne travaille pas ?
— Elle avait également obtenu un congé de la maison qui l'emploie, le Monoprix des Lices de Rhônel.
— Mlle Pointel avait-elle quelque chose de spécial à vous demander pour désirer cette journée de solitude à deux ?
— Je ne sais pas puisque je ne l'ai pas vue.
— Monsieur Tourniac, combien gagnez-vous par mois ?
— Dans les 1 350 francs.
— On m'a dit que votre fiancée aimait beaucoup la vie.
— C'est vrai.
— Pensez-vous pouvoir satisfaire ses goûts avec votre traitement et le sien ?
— Je ne me suis pas posé la question.
— Soit... Voyez-vous un inconvénient à ce que je prie le docteur Beauvoisin d'aller interroger Mlle Pointel sur ce fameux rendez-vous ?
— Aucun.
— Parfait... Docteur ?
— J'y vais.

En refermant la porte du bureau de Chapaize, je me sentais horriblement mal à l'aise. Ce dialogue entre Tourniac et le policier me rappelait les films allemands du premier âge du « parlant ». Une sorte d'atmosphère irréelle. Je ne réussissais pas à croire à la réalité de ce que j'entendais, de ce que je voyais.

Dans ce grand magasin Monoprix, j'interrogeai la première employée pour lui demander où se trouvait Mado. Elle me renseigna et c'est ainsi que je gagnai un rayon de lingerie féminine où Mlle Pointel s'efforçait de convaincre ses éventuelles clientes de porter des dessous autrefois réservés aux « créatures ». Elle se mit à rire en m'apercevant et s'enquit, narquoisement, si je venais acheter de la lingerie pour ma gouvernante. Je n'étais pas d'humeur à plaisanter.

— Mon petit, j'ai deux ou trois questions très importantes à vous poser. Pouvez-vous disposer de quelques instants ?

— Il s'agit de... de la maison ?

— Non.

Elle eut un soupir de soulagement qui me la fit plus proche, sentimentalement.

— A cette heure-ci, ce sera difficile... Attendez, je vais demander.

Mado s'éloigna et revint très vite.

— Votre nom a été le meilleur garant. Le chef de rayon vous connaît. Vous avez soigné sa femme, autrefois. Il m'a donné cinq minutes.

— Ce sera suffisant.

— Alors, venez.

Elle m'entraîna dans une espèce de cagibi qui servait, à l'occasion, de salon d'essayage.

— Je vous écoute, docteur.

— Mado, je vous supplie de répondre très franchement à ce que je vous demande : hier, êtes-vous venue travailler ?

— Mais je travaille tous les jours !

— Vous n'aviez pas sollicité un congé exceptionnel ?

— Moi ? pour quoi faire ?

— Par exemple, pour aller passer la journée à la campagne en compagnie de Pierre ?

— Quelle drôle d'idée !

— Alors, c'est non ?

— Bien sûr que c'est non !

— Mon petit... Je suis un vieil ami de votre famille... A ce titre, je me permets de vous dire : pourquoi tenez-vous à épouser Pierre Tourniac ?

Elle haussa les épaules.

— Autant lui qu'un autre.

— Vous croyez cela suffisant pour fonder un foyer ?

— Je m'arrangerai.

— Mado... Est-ce que je peux vous confier un secret ?

— A moi ?... vous ?

— Vous n'épouserez pas Tourniac.

— Je... mais pourquoi ?

— Parce que c'est un menteur.

Et sans vouloir en dire davantage, je m'éclipsai.

Rejoignant le chef de rayon auquel Mado avait demandé la permission de s'entretenir quelques instants avec moi, je le priai de m'annoncer au chef du personnel. Ce dernier me reçut de façon fort aimable et m'assura que Mlle Pointel n'avait pas sollicité de congé exceptionnel et qu'elle était venue travailler la veille, comme à l'ordinaire.

∗∗∗

J'aurais voulu que le trajet entre le Monoprix et la banque Chapaize fut dix fois plus long, tant j'avais de la peine à recouvrer mon équilibre. Tourniac, un assassin... C'était fou, incroyable, et pourtant... A quoi rimait ce mensonge grotesque d'un rendez-vous inventé ? Avait-il été assez stupide, assez aveuglé par sa passion pour vouloir s'attacher Mado au prix d'un double meurtre et d'un vol ? Non, il n'y avait rien à faire, je ne pouvais pas accepter cette hypothèse dont le seul énoncé affirmait à mes yeux l'absurdité. D'un autre côté, pourquoi Mado mentirait-elle ? Si elle avait projeté de s'échapper le lundi en compagnie de Pierre, sa mère aurait été au courant et son père et aussi Elisabeth à qui rien n'échappait. Une autre hypothèse me venait à l'esprit. A la vérité, elle me chatouillait depuis quelque temps, mais j'avais refusé de l'envisager. Et si Tourniac était beaucoup moins naïf qu'on ne l'imaginait communément ? S'il nous avait tous bernés ? Gajoubert m'avait parlé de ce commercant lyonnais que tout le monde tenait pour inoffensif...

Quand j'entrai de nouveau dans le bureau de Chapaize, je devinai, rien qu'à un imperceptible changement d'attitude que le policier avait compris que je rapportais de mauvaises nouvelles pour mon protégé. Quant à moi, je n'osais pas regarder Tourniac.

— Vous avez vu Mlle Pointel, docteur ?
— Oui, je l'ai vue.
— Alors ?
— Elle ne se rappelle pas avoir donné rendez-vous à son fiancé hier et elle est allée travailler comme d'habitude. Le fait m'a été confirmé par le chef du personnel.

Il y eut un court silence au bout duquel, le commissaire s'enquit aimablement :

— Que dites-vous de cela, monsieur Tourniac ?
— Je ne comprends pas.

— Nous non plus et c'est beaucoup plus ennuyeux.
Encore un de ces silences qui vous brisaient les nerfs.

— Voyez-vous, monsieur Tourniac, nous sommes obligés de vous demander pour quelles raisons vous avez inventé cette histoire de rendez-vous ?

— Je ne l'ai pas inventée !

— Vous avez entendu ce que nous a rapporté le docteur ?

— Oui... Je ne saisis pas pourquoi Mado a menti !

— Ainsi, c'est elle qui ment ?

— Forcément.

— Dans quel but ?

— Si je m'en doutais... Et puis, pourquoi toutes ces questions ? Vous ne me soupçonneriez quand même pas d'être pour quelque chose dans ce qu'il s'est passé hier ?

Gajoubert regarda longuement Tourniac avant de répondre :

— C'est justement ce que je suis en train de chercher.

— Mais, c'est monstrueux !

Le policier ne prêta pas attention à l'indignation de Pierre et s'adressa à moi :

— Docteur, vous n'avez pas révélé à la jeune fille, la raison de votre démarche.

— Non.

— Donc, elle ignore tout des raisons qui nous font suspecter monsieur Tourniac ?

— Sans doute.

— Monsieur Tourniac, n'étant pas au courant de la difficile situation dans laquelle vous vous trouvez en ce moment, on peut penser que Mlle Pointel a répondu franchement. Au surplus je ne vois pas pourquoi une jeune fille, fiancée à un jeune homme, dissimulerait qu'elle sort avec lui ?

Pitoyable, Pierre écarta les bras dans un geste d'impuissance et me fit songer à un pingouin, attendrissant et ridicule. Gajoubert concluait :

— Je crains, monsieur Tourniac, que vous n'ayez du mal à vous sortir du filet qui s'est abattu sur vous et, dans votre intérêt, je crois que vous devriez nous aider en nous évitant de prolonger plus avant une enquête qui m'apparaît bien proche de son terme en nous révélant, par exemple, où vous avez caché l'argent ?

Pierre, un instant, sembla émerger de l'apathie où l'avait plongé l'accusation du commissaire.

— Je vous jure que je ne suis pour rien dans le hold-up et que j'avais rendez-vous avec Mado, ce matin-là !

— Monsieur Tourniac, est-ce que vous avez l'habitude de relever les numéros des billets que vous remettez au comptable de l'usine Espanor ?

— Bien sûr !

— Alors, pourquoi ne l'avez-vous pas fait cette fois ?

— Mais, j'ai transcrit les numéros des billets comme toujours. La liste est dans le coffre de mon bureau.

— Malheureusement pour vous, elle n'y est pas, monsieur Tourniac. Je pense que vous vous êtes aperçu de cette absence ?

— Oui... mais... mais je croyais que M. Chapaize l'avait prise.

— L'avez-vous prise, monsieur Chapaize ?

Le banquier secoua négativement la tête. Le policier reprit :

— Votre patron ne l'a pas prise, monsieur Tourniac, parce qu'elle n'y était pas et elle n'y était pas parce que vous ne l'y avez pas placée et vous ne l'y avez pas placée parce que vous ne teniez pas à ce qu'on puisse repérer les billets dont vous aviez projeté de vous emparer.

— Je ne comprends pas... je ne comprends plus... on s'acharne contre moi !

— Soyez raisonnable, monsieur Tourniac, ne persistez pas dans un système de défense enfantin. Si vous aviez vraiment eu rendez-vous avec votre fiancée, qu'est-ce qui vous empêchait d'aller chez elle pour connaître les raisons de son retard ou de passer au magasin pour voir si, d'aventure, elle n'avait pas été contrainte subitement de renoncer à sa journée de vacances ?

— Mado détestait que je prenne des initiatives... Elle ne supportait pas que j'aie l'air de la surveiller... Une pareille démarche de ma part aurait pu la fâcher.

Gajoubert hocha la tête.

— Et vous êtes resté chez vous à l'attendre ?
— Oui.
— Difficile à croire, non ?
— Si, mais c'est la vérité.

Le policier se leva.

— Monsieur Tourniac, il faut que je vous demande de m'accompagner au commissariat.

Je ne sais ce qui m'effrayait le plus de la courtoisie glacée, inexorable, du commissaire ou du désarroi trop apparent de Pierre. Gajoubert s'approchait de son suspect, lorsque Chapaize intervint.

— Non, non et non ! ce n'est pas possible ! Je suis sûr que vous vous trompez ! Pierre ne peut pas avoir fait ce dont vous l'accusez ! Il ne l'a pas fait ! j'en mettrais ma tête à couper.

Impassible, Gajoubert interrompit le discours du banquier :

— Ce serait très imprudent, Monsieur.
— Mais enfin, je connais Pierre depuis toujours :

jamais il ne m'a donné le moindre souci, procuré la plus légère inquiétude... Il est le modèle des employés que je cite en exemple à tous les jeunes qui débutent. Consciencieux au point d'en être maniaque, il va jusqu'à s'entraîner une fois par mois au stand de tir afin de savoir se servir de son arme au cas où la camionnette serait attaquée ! Je vous répète, commissaire, qu'il est exclu qu'un pareil garçon se soit transformé subitement en assassin et qu'il ait abattu des hommes qui étaient, sinon des amis, du moins des compagnons de travail ! Naturellement, j'ignore pourquoi Mlle Pointel nie le rendez-vous donné à son fiancé mais je vous répète qu'aussi absurde que cela puisse vous paraître, Pierre a certainement agi ainsi qu'il l'affirme.

Enervé, fatigué, le banquier passa un mouchoir sur son front mouillé de sueur et se laissant retomber sur son fauteuil, haleta :

— Moi, je vous garde ma confiance, Pierre. Il ne peut s'agir que d'un énorme et stupide malentendu !

Gajoubert avait écouté sans broncher et lorsque notre hôte se fut tu, il se contenta de remarquer :

— Vous êtes adroit au pistolet, monsieur Tourniac ?

— Pas tellement.

— Avec quelle arme vous entraînez-vous ?

— Avec la mienne, enfin celle qu'on m'a confiée le jour où l'on m'a chargé de convoyer la paie des usines Espanor.

— Où est-elle ?

— Mais... chez moi.

— Pourquoi ne la laissez-vous pas ici ?

— Parce que je l'entretiens et que je m'en sers le dimanche lorsque je me rends au stand.

— Pourriez-vous nous la montrer ?

— Bien sûr.

⁂

Pierre habitait dans la vieille ville, la rue Puech-Berrenguier, une adorable rue semblant sortie tout droit d'un Livre d'Heures du Moyen Age. Son appartement — deux pièces et une cuisine — était, hélas assez médiocrement meublé avec ce qu'il avait hérité de ses parents. Le pauvre Tourniac ne devait pas avoir grand goût.

Chapaize n'ayant eu aucune raison de venir avec nous, nous nous trouvions à trois dans la pièce servant de salon dont la laideur petite-bourgeoise avait quelque chose d'émouvant. Le pire était les souvenirs ramenés de deux ou trois voyages sur les côtes de l'Océan et de la Méditerranée. Le policier, sans élever la voix, pria Tourniac de lui montrer son pistolet. Le garçon alla à un secrétaire dont le panneau central était horriblement décoré de nacre et de cabochons de couleur. Nous le vîmes, le meuble ouvert, fouiller dans plusieurs tiroirs pour, finalement, se retourner vers nous et murmurer d'une voix atone :

— Il n'y est plus...

Le policier ne triompha pas. Il dit seulement :

— C'est très ennuyeux pour vous, monsieur Tourniac. Peut-être l'avez-vous déplacé ?

— Non... Je n'y touche jamais, sauf pour le graisser et je le remets toujours à la même place.

— Me permettez-vous de le chercher ?

— Si ça vous chante...

Gajoubert se mit à fureter dans tous les coins et j'étais quelque peu hypnotisé par ses gestes précis, rapides, et sa méthode. En moins de dix minutes, il avait exploré la pièce et sollicita la permission de passer dans la chambre en nous invitant à le suivre. Il découvrit le pistolet au fond d'un sac à linge sale où il n'avait pas craint de plonger les mains. Tenant l'arme dans un torchon, il se tourna vers Pierre :

— C'est bien le vôtre, Tourniac ?

— Oui. Je ne comprends pas de quelle façon il a pu se trouver là !

Je notai la suppression du « monsieur » protocolaire dont le policier avait fait usage jusqu'alors.

— Moi, je comprends et je puis vous affirmer que ça n'a pas été très malin de votre part.

— Je vous assure...

— ...que ce n'est pas vous qui l'avez caché, je sais. Vous n'avez décidément pas de chance... J'ai le sentiment qu'on s'agite beaucoup autour de vous sans que vous y preniez garde.

Gajoubert porta le canon du pistolet à son nez, le renifla puis sortit le chargeur, et l'examina.

— Pourquoi manque-t-il deux balles, Tourniac ?

— Comment voulez-vous que je le sache, Bon Dieu ?

— Vous ne vous doutez pas de l'endroit où elles peuvent être ?

— Non !

— Moi, si.

— Je crois que je vais devenir dingue si ça continue !

Je demandai :

— Où sont-elles, commissaire ?

— Vraisemblablement à la morgue, docteur, après qu'on les ait eu retirées des cadavres du chauffeur et du convoyeur.

Tourniac hurla :

— Ce n'est pas possible ! Vous vous acharnez tous contre moi ! Pourquoi ? Mais pourquoi ?

Le ton de Gajoubert se fit brutal.

— Parce que deux hommes sont morts et un demi-million volé.

Pierre se prit la tête dans les mains.

— Arrêtez, par pitié ! arrêtez... Je n'en peux plus...

— Tourniac, qui d'autre que vous, possède une clef de cet appartement ?

— Personne... Je ne ferme jamais à clef, d'ailleurs... pour ce qu'il y a à voler...

— Et vous persistez à affirmer que vous êtes resté toute la journée d'hier chez vous ?

— Enfin, presque...

— C'est-à-dire ?

— Je me suis absenté vers treize heures...

— Où êtes-vous allé ?

— Je ne me rappelle plus bien... j'étais énervé... déçu... alors, j'ai marché... Monsieur le commissaire, je vous supplie de me croire : je suis innocent... enfin, moi ! moi, j'aurais tué deux hommes ! Si vous me connaissiez mieux, cette idée ne vous viendrait même pas à l'esprit.

— Les employés de la banque vous connaissaient...

— Et alors ?

— Et alors, ils ne sont pas méfiés... Peut-être ont-ils cru que vous veniez reprendre votre poste... Ainsi, vous avez pu les tuer chacun d'une seule balle.

— C'est faux ! je vous jure que c'est faux !

Il se tourna vers moi.

— Docteur, je vous en prie, dites-lui qu'il se trompe !

— Je ne pense pas que cela suffirait, mon pauvre ami.

Gajoubert intervint :

— Nous n'avons plus rien à faire ici. Pour clore le débat, j'estime que le mieux est de se rendre chez les Pointel.

∴

Avant de rejoindre le boulevard Général-Sibille, je demandai à Gajoubert de passer chez moi, car je tenais à avertir Adeline de ce que l'histoire s'affirmait trop grave pour que je puisse prévoir l'heure où je rentrerais.

Lorsque ma gouvernante sut ce qu'il arrivait à Pierre, elle en oublia son dîner et le protocole y afférent.

— Docteur ! ils ne peuvent pas accuser M. Tourniac d'avoir commis ces crimes horribles !

— Je crains que si.

— Mais, c'est stupide ! c'est fou ! c'est... c'est...

L'indignation l'obligeait à bégayer.

— Honnêtement, je pense qu'à moins d'un miracle, Pierre couchera ce soir en prison.

— Et... et après ?

— Après, ma pauvre amie, Dieu seul sait ce qu'il arrivera.

Elle secouait la tête à la façon d'un grand animal agacé par les mouches.

— On pourra me raconter tout ce qu'on voudra, jamais je ne croirai que M. Tourniac ait pu tuer quelqu'un !

En quelques mots, je la mis au courant des scènes auxquelles j'avais assisté et l'invraisemblable sottise de Pierre arguant d'un rendez-vous imaginaire.

— Maintenant, nous nous rendons chez les Pointel pour confronter Pierre et Mado. Je ne vous cache pas que je crains la réaction d'Elisabeth. Vous savez à quel point elle s'est attachée à celui qui devait être son beau-frère... Je préfère me trouver là. Je vais même emporter ma trousse.

Déjà, Adeline passait les mains derrière son dos pour dénouer son tablier et annonçait :

— Je vous accompagne !

— Je n'ai pas le temps de vous attendre. Les autres doivent s'impatienter en bas.

— Bon, bon, filez... Je vous rejoindrai et je m'occuperai de la petite s'il est besoin.

⁎

Quand nous nous sommes présentés chez les Pointel, pour une fois, la famille était réunie au complet. Notre entrée créa une sensation profonde et chacun nous regardait, se demandant ce que cette invasion signifiait. Je présentai le policier :

— Le commissaire Gajoubert du S.R.P.J. de Toulouse chargé de mener l'enquête à propos du hold-up...

Edouard Pointel demanda :

— Pourquoi vient-il chez nous ?

Je répondis, embarrassé :

— Il exécute une démarche nécessaire, mais délicate...

Avant de continuer, je me rapprochai d'Elisabeth et je plaçai ma main sur son épaule pour la défendre contre ce qui allait venir, ce qui allait obligatoirement venir.

— Autant que vous le sachiez tout de suite. Pierre Tourniac est soupçonné d'être l'auteur du hold-up.

Je sentis frémir l'épaule d'Elisabeth dans la paume de ma main. Il n'y eut pas de cris, pas de protestations. Simplement, une stupeur si forte qu'on avait l'impression de pouvoir la toucher, qu'elle était palpable. Pierre dit :

— Ils se trompent... Je ne suis pas coupable.

Je guettais Mado. Elle fondit en larmes. De longs frémissements parcouraient le torse d'Elisabeth. Pointel se contenta de grogner :

— Ça alors...

Germaine déclencha les hostilités. S'avançant vers Tourniac elle lui jeta :

— Je me doutais que vous étiez un sournois ! Vous ne m'avez jamais plu ! Si ma fille m'avait écoutée... Mais les parents sont des imbéciles qui ne connaissent rien à la vie, c'est connu !

Elle s'adressa à Mado :

— Tu es bien avancée maintenant ! Tout le monde te montrera du doigt dans Albi et d'ici qu'on pense que tu as été sa complice...

La fiancée gémit :

— Maman, je t'en prie...

— Naturellement, c'est facile, à présent, de pleurnicher ! mais nous ? tu penses à nous ? Qu'est-ce que nous répondrons à ceux qui nous reprocheront d'avoir envisagé d'accepter un assassin dans notre famille !

Je me mêlai au débat.

— Je vous rappelle, madame, que Tourniac n'est que soupçonné.

Elle tendit sa main large ouverte — comme pour recevoir quelque chose — en direction de Pierre.

— Regardez-le ! mais regardez-le donc ! Un assassin ! je vous dis que c'est lui qui a tué ces deux malheureux !

Edouard attrapa son épouse par un bras et l'obligea à reculer.

— Allons, Germaine, calme-toi et n'accuse pas sans savoir.

De mauvaise grâce, elle obéit, tout en maugréant :

— Vous vous êtes tous laissés rouler, mais pas moi !

Je me penchai sur Elisabeth.

— N'aie pas peur, mon petit lapin.

— Je n'ai pas peur.

Gajoubert se décida alors à jouer son rôle. Il s'adressa à Mado.

— Mademoiselle, le jour de l'attentat... aviez-vous donné rendez-vous à votre fiancé pour aller passer quelques heures à la campagne ?... Non, ne répondez pas trop vite. Réfléchissez, songez que de votre réponse dépend l'avenir immédiat de ce garçon. Je vous écoute.

— Le docteur est déjà venu au magasin me poser cette question... une question que je ne comprends pas, d'ailleurs. Ce n'est pas Pierre qui vous a raconté ça ?

— Attention, mademoiselle ! Je sais que vous avez travaillé hier comme les autres jours. Ce que je veux savoir c'est si vous avez effectivement proposé à votre fiancé cette partie de campagne dont il parle et pour laquelle il aurait emprunté la voiture de M. Bedous.

— Jamais de la vie ! Je ne vois pas pour quelles raisons Pierre a inventé cette histoire ?

— Vous ne voyez pas, vraiment ?

— Enfin... disons que je préfère ne pas voir.

— Donc, nous sommes parfaitement d'accord, mademoiselle, vous n'avez jamais offert à Tourniac de partir vous promener le jour de l'attentat ?

— Certainement pas.

Le policier se tourna vers Pierre.

— Alors ?

— Mado, pourquoi ne leur racontes-tu pas la vérité ?

— C'est toi qui mens !

— Souviens-toi, j'étais allé t'attendre à la sortie de ton magasin, à midi, et je t'ai raccompagnée chez toi en passant par le parc de Rochegude.

— Je me souviens, oui.

— Nous nous sommes assis sur un banc pendant

quelques minutes... Nous avons parlé de notre avenir... Rappelle-toi, je t'ai signalé cet appartement de la rue Laroche ?

— En effet.

— Et puis tout d'un coup, tu m'as dit : « Ecoute Pierrot, ce qui serait formidable c'est que nous prenions un jour de congé tous les deux, tu emprunterais une auto et nous filerions loin d'Albi pour la journée. »

— Ce n'est pas vrai !

— Il n'est pas possible que tu aies oublié ? Je t'ai fait remarquer que le lendemain, je devais convoyer la camionnette de la banque...

— Il est devenu fou, ma parole !

— Tu t'es énervée et tu m'as menacé de me laisser tomber — ce sont tes propres paroles — si je ne te passais pas ce caprice.

Mado nous prit tous à témoin.

— Mais où va-t-il chercher tout ça ?

Tourniac, sans se laisser arrêter, continuait son dur chemin.

— Tu es venue le soir chez moi pour connaître ma réponse, m'avertissant que tu t'étais libérée et que si je te préférais le travail, tu sortirais avec un autre.

— Il a des visions ! des hallucinations !

— Mado, je me trouve dans une situation terrible... la police m'accuse d'être l'auteur du hold-up... Dis la vérité qui peut me sauver... Je t'en supplie, Mado...

— Je ne peux quand même pas mentir à la police, uniquement pour te venir en aide !

Pierre s'effondra et se mit à pleurer. Entre deux sanglots il hoquetait :

— Ceci... c'est toi... Ma... Mado qui me fais ça...

Nous étions tous mal à l'aise, y compris Mme Pointel. Soudain, la voix frêle d'Elisabeth secoua l'assistance.

— Moi, je te crois, Pierre.

La sœur aînée sursauta.

— Oh ! toi... !

Avant que je n'aie pu l'empêcher, elle se précipitait vers la petite qu'elle giflait violemment. Je l'agrippai par l'épaule et la repoussai.

— Vous n'avez pas honte ?

Germaine Pointel approuva sa fille aînée, le père remarqua qu'il ne tolérerait pas qu'on touche à Elisabeth et la scène tourna à l'une de ces chamailleries habituelles dont j'avais été si souvent le témoin. Cela dura jusqu'au moment où Gajoubert demanda de sa voix impersonnelle :

— Pourriez-vous vous calmer un peu, s'il vous plaît.

Dans le silence immédiat qui suivit, il se dirigea vers Elisabeth :

— Pourquoi prétends-tu que Tourniac dit la vérité ?

— Parce que je le connais.

— Mais tu connais encore mieux ta sœur !

— ... Non. Pierre dit toujours la vérité. Mado lui fait faire ce qu'elle veut. Il est un peu bête, avec elle...

— Sur ce rendez-vous en question, tu sais quelque chose ?

Sa frimousse crispée pour empêcher les larmes de couler, elle dut secouer négativement la tête. Elle souffrait de ne pouvoir aider son ami. Gajoubert passa les menottes à Pierre.

— J'y suis obligé, vu les présomptions qui pèsent sur vous. M. le juge d'instruction décidera ou non de votre inculpation.

Au moment de franchir le seuil, Tourniac nous fit face.

— Merci, docteur... Mado, je te plains... Elisabeth, je te jure que je ne suis pour rien dans toute cette histoire... Je le jure sur ta tête.

A peine la porte refermée, Germaine Pointel se répandit en invectives et calomnies sur celui que Gajoubert emmenait. Pointel lui-même, persuadé que la police ne se trompait jamais, commençait à se ranger du côté de sa femme tandis que Mado se lamentait sur son propre sort.

— Dire que j'aurais pu devenir la femme d'un assassin...

Elisabeth qui pleurait contre mon bras, se redressa :

— Mado, maman et toi aussi, papa, vous savez tous que Pierre est innocent... Pourquoi ne le défendez-vous pas ? Vous voyez bien qu'il est tout seul... qui ira à son secours ? J'ai lu que ceux laissant souffrir les innocents, seront punis...

Germaine et sa fille aînée, hors d'elles, devenues de véritables furies, attrapèrent Elisabeth et la giflant, la secouant, hurlaient :

— Tu finiras par te taire, espèce de monstre !

Je ne parvenais pas à défendre la petite contre ces deux mégères, quand la porte s'ouvrit devant Adeline dont la silhouette puissante s'encadra sur le seuil. En la voyant, j'éprouvai la joie qu'aurait ressenti Napoléon à Waterloo si au lieu de Blücher, Grouchy était arrivé. Ma gouvernante s'enquit d'une voix forte :

— Qu'est-ce qui se passe ici ?

Vieux vaisseau battu par les tempêtes, d'un coup d'épaule, elle écarta les femmes, déploya la couverture qu'elle avait sous le bras, y enveloppa la gosse et la prenant dans ses bras robustes, tonna :

— Je l'emmène, pas d'objection ?

Mado cria :

— Emportez-la, cette saleté et qu'on ne la revoie plus !

Adeline la toisa :

— Toi, ma fille, tu as de la chance que j'aie les mains prises, parce que je te foutrais une de ces taloches dont tu te souviendrais toute ta vie !

A l'adresse de Mme Pointel, elle ajouta :

— Et il y en aurait autant à votre service !

Germaine voulut protester, mais sa fille la retint.

— Tais-toi ! qu'elle s'en aille ! et qu'elle ne réapparaisse plus ici, sinon c'est moi qui m'en irai et pour toujours !

Quant au père, il murmura qu'il n'avait pas mérité ça, sans qu'on devinât à quoi exactement il entendait faire allusion.

※

Dans les jours qui suivirent, l'émotion soulevée dans Albi par l'arrestation de Tourniac fut longue à s'apaiser. Puis, peu à peu, comme après la tempête, la plage retrouve son aspect normal, on parla de moins en moins de Pierre en ville et tous les commentaires épuisés, on s'occupa d'autre chose. Gajoubert eut la courtoisie de venir prendre congé de moi.

— Voilà, docteur, pour moi, c'est terminé. Je rentre à Toulouse, retrouver le ou les dossiers qui m'attendent sur mon bureau.

— Et Tourniac, qu'en advient-il ?

— Comme vous le savez, il a été inculpé du double meurtre du hold-up et de vol à main armée. Il va être transféré à la maison d'arrêt la plus proche en attendant l'ouverture de son procès.

— Vous pensez qu'il aura une chance de s'en tirer ?

Il hésita une seconde ou deux.

— Honnêtement, je ne le pense pas. Pas la moindre circonstance atténuante, à moins qu'il ne révèle où il a caché l'argent.

— A-t-il avoué ?

— C'est le genre d'homme qui n'avoue pas.

— Commissaire, vous le croyez coupable ?

— Docteur, l'Etat ne me paie pas pour connaître mon opinion sur tel ou tel de ses ressortissants. Je dois trouver un coupable que les preuves me démontrent être le coupable. En toute conscience, Tourniac remplissait ces conditions. Donc, je l'ai arrêté. Le juge d'instruction m'a suivi. Au tribunal, maintenant.

— Et si Mado avait menti ?

— Dans quel but ?

— Je l'ignore.

— Docteur, toutes les hypothèses sont possibles, quand on n'a pas à les justifier.

Les mois et les saisons glissèrent paisiblement sur ma ville et ses habitants. J'imagine que dans Albi, il n'y avait plus qu'Adeline, Elisabeth et moi, pour penser encore à Pierre, avec peut-être le père Pointel. Les autres...

Chez moi, Elisabeth s'était installée, comme chez elle, à la fenêtre où elle vivait toute la journée. J'avais demandé à une institutrice de lui enseigner un minimum, espérant que la vive intelligence de la petite lui permettrait, une fois les bases acquises, de rattraper son retard. Une gamine du voisinage venait tous les jeudis après-midi tenir compagnie à

Elisabeth. Elle s'appelait Lucie et était la fille d'un tailleur arménien échoué à Albi juste après la guerre. Une chose m'inquiétait, une chose m'émerveillait dans notre existence quotidienne, rue du Tenda. La première tenait au mutisme où était plongée Elisabeth et dont elle s'arrachait à grand-peine pour répondre à nos questions. On devinait qu'elle était rongée à l'intérieur et il n'était nul besoin de se creuser les méninges pour comprendre qu'elle pensait à Tourniac dans sa prison. Parfois, je la surprenais, pleurant en silence, et je me désespérais de ne pouvoir l'aider. La seconde tenait à l'extraordinaire entente qui s'était établie du premier moment, entre Adeline et la fillette. On eut dit qu'elles ne s'étaient jamais quittées depuis des années. Je ne reconnaissais pas ma gouvernante qui ne témoignait plus de son humeur bourrue. Elisabeth et elle se comprenaient ainsi que larrons en foire. Je mentirais si je n'avouais pas que j'en ressentais une très légère amertume. Je crois bien que j'aurais souhaité être le seul qu'Elisabeth aimât.

Les pointel étaient venus plusieurs fois — le père parce qu'au fond, il chérissait sa fille, la mère pour éviter les ragots — mais jamais Elisabeth n'avait accepté de les voir. Au terme de deux ou trois démarches infructueuses, Germaine, dépitée, s'était résignée. Pour Edouard, il profitait des visites manquées à sa fille pour me tenir la jambe. Je sentais bien qu'il voulait s'expliquer, se justifier à mes yeux, car pour lui j'étais quelqu'un d'important.

— D'accord, docteur, je ne suis pas un bon père parce que je n'ai jamais osé prendre la défense de la petite, mais si vous viviez avec ma femme... Voyez-vous, elle me méprise... Elle m'en veut d'être magasinier. Elle aurait désiré être une dame. Alors, un mari occupant un poste aussi médiocre, une fille infirme, ça l'a aigrie. Elle s'estime injustement traitée par le sort.

— Il lui reste Mado ?

Il haussa les épaules.

— Mado ne songe qu'à elle... Dites, docteur, la petite... vous croyez qu'elle voudra me voir, un jour ?

— Je vous le promets... Il faut la comprendre, Pointel : vous l'avez littéralement abandonnée... et vous n'avez pas défendu une des rares personnes qui lui avait manifesté de l'affection, Tourniac... Ne vous étonnez pas qu'elle soit recroquevillée sur elle-même comme un animal blessé et qui mord parce qu'il souffre. Alors, laissez le temps l'apaiser.

Pointel s'en allait, un peu plus lourd, un peu plus vieux chaque fois, sans doute suivi par l'implacable regard de son enfant qui, derrière sa fenêtre, ressemblait aux princesses mystérieuses des contes de fées. Viendrait-il un jour où ce petit visage s'étant imprimé sur la vitre, réapparaîtrait aux générations suivantes selon l'incidence des rayons de soleil frappant celle-ci, ainsi qu'il est raconté dans les histoires fantastiques dont les Anglo-Saxons sont si friands ?

Si Elisabeth ne parlait guère, Tourniac ne parlait absolument pas. Je lui avais procuré un avocat, encore jeune et n'ayant point perdu la flamme, l'enthousiasme de ses débuts. Ce dernier m'écrivait régulièrement pour m'avouer qu'il commençait à désespérer, son client se refusant à lui fournir le moindre argument susceptible d'étayer sa plaidoirie. Il avait l'impression que Tourniac ne tenait pas à se défendre sous le prétexte enfantin que tout le monde l'avait trahi. De plus, il n'acceptait de voir personne. Il est vrai — ajoutait l'avocat — que jusqu'ici, il n'était venu que deux ou trois visiteurs relevant d'œuvres charitables.

Je résolus de rendre visite au prisonnier. Un matin, je me levai de très bonne heure et ayant mis Adeline dans la confidence, je pus quitter la maison sans éveiller la curiosité d'Elisabeth. Je ne voulais pas lui dire où j'allais, de peur que si Tourniac refusait de me rencontrer, je n'eusse rien à lui apprendre.

A l'heure de la visite, mêlé aux visiteurs, j'éprouvai un sentiment bizarre, fait surtout d'une immense compassion pour ces vieux, ces femmes aux traits tirés, ces gosses endimanchés qui attendaient de pouvoir échanger quelques mots avec celui qu'ils n'apercevraient qu'à travers une grille.

Tourniac n'avait guère changé. A peine si je le trouvai un peu plus terne, un peu plus mou. Le genre de type qui se dissout en prison sans qu'on y prenne garde.

— Je suis content, Pierre, que vous ayez accepté de venir au parloir.

— Vous avez toujours été très chic pour moi et puis vous, je ne pense pas que vous me preniez pour un assassin.

J'évitai de répondre à cette question qui n'était pas formulée nettement, en lui parlant d'Elisabeth.

— La petite est chez moi... Je suis sur le point de l'adopter...

— Voilà une bonne nouvelle !... Elle se porte bien ?

— Elle se porterait mieux si l'on vous libérait.

Cette remarque le touche et je vois ses yeux s'embuer. J'insiste, espérant ainsi faire sauter le verrou qui le cadenasse.

— Elle vous aime beaucoup.

— Moi aussi.

— En dépit de ce qu'on raconte, elle a confiance en vous.

— Elle a raison... Les enfants voient peut-être plus facilement la vérité que les grandes personnes.

— Parce que les grandes personnes n'écoutent pas que leur cœur... Pierre, si vous me confiiez ce qui a réellement eu lieu ?

Surpris, il ne répond pas tout de suite et quand il le fait c'est d'une voix lasse :

— Docteur, ça s'est passé comme je l'ai raconté... La veille, Mado m'a demandé de vivre une journée de plein air avec moi... Elle estimait que nous avions besoin de ce tête-à-tête pour nous connaître mieux... Le soir, elle est venue dans ma chambre, pour avoir ma réponse. J'étais déjà passé chez M. Bedous qui a de la sympathie pour moi, car nous avons souvent affaire ensemble à la banque. Il m'avait toujours assuré qu'il mettrait sa voiture à ma disposition si l'envie me prenait d'emmener ma petite amie quelque part. Le lendemain matin, à 6 heures, je suis allé chercher l'auto, M. Bedous m'ayant remis la veille les clefs de son garage que je devais cacher sous une pierre à moitié descellée du mur de son jardin. Ensuite, je suis revenu chez moi et j'ai attendu Mado.

— Qui n'est pas venue.

— Qui n'est pas venue. Au fur et à mesure que les heures passaient, je lui trouvais des excuses pour expliquer son retard jusqu'au moment où j'ai compris qu'elle ne viendrait plus. Alors, j'ai ramené l'auto de M. Bedous à son garage.

— Vous avez vu Bedous, à ce moment-là ?

— Non. Il était 9 heures et il devait se trouver dans son magasin.

— Pourquoi ne vous êtes-vous pas rendu boulevard du Général-Sibille ?

— Mado me l'avait interdit. Elle ne voulait pas que ses parents soient mis au courant de notre fugue. Elle craignait qu'ils prissent très mal la chose.

— Et à Monoprix ?

— Je n'ai pas osé ! ils interdissent les visites privées.

— Nom d'un chien ! lorsque vous avez été certain qu'elle vous avait posé un lapin, pour quelles raisons n'êtes-vous pas retourné à la banque ?

— J'avais trop de chagrin... et puis, au début de l'après-midi, je me suis décidé à gagner mon bureau, mais en y allant, j'ai appris ce qu'il s'était passé sur la route de Saint-Affrique... Je n'ai plus osé me présenter devant M. Chapaize, j'avais honte.

— Quelle a été la réaction de Chapaize, quand il vous a revu ?

— Il m'a dit que j'étais un sacré veinard et qu'il se félicitait de m'avoir accordé le congé réclamé, sans cela je serais à la morgue.

— Pierre, il n'est pas possible que depuis votre arrestation, vous n'ayez pas réfléchi à l'attitude de Mado ?

— Bien sûr...

— Alors ?

— Je crois qu'elle s'est repentie de son initiative... Je suis persuadé que cette journée à la campagne était une épreuve.

— Pour vous ?

— Non, pour elle.

— Je ne saisis pas... ?

— Docteur, Mado ne m'aimait pas, elle ne m'a jamais aimé... Elle s'est simplement monté le bourrichon.

— Dans ces conditions, je ne comprends pas pourquoi vous vouliez l'épouser ?

— Parce que moi, je l'aime et je pensais qu'à force de l'aimer, elle finirait par m'aimer.

— Oui, mais cela n'explique pas son comportement ?

— Docteur, Mado avait une ou plusieurs liaisons. Je n'ai jamais cherché à en apprendre davantage... J'imagine que, tout d'un coup, elle en a eu assez et elle m'a choisi pour l'arracher à son existence imbécile... Et puis, elle a dû être plus ou moins reprise par son milieu... Peut-être était-elle sincère en me proposant cette partie de campagne ? Voulait-elle se confesser ? Désirait-elle rompre avec moi ? avec les autres ?

— Cela ne justifie pas son mensonge ?
— Elle a sans doute eu peur.
— De qui ? de quoi ?
— Je ne sais pas.
— Mon pauvre ami... Au nom d'Elisabeth et au mien, je vous demande d'aider votre avocat dans toute la mesure du possible.

— D'accord, docteur, je vais me battre ! Dites à la petite que je ne suis pas coupable et que sitôt qu'on aura reconnu mon innocence, j'irai la voir. Ma première visite sera pour elle.

∴

Je n'eus pas le courage de retourner auprès de Tourniac. Sa défense me paraissait si puérile que je ne voyais pas de quelle façon il espérait s'en tirer. Il me fallait admettre que ce pauvre garçon avait été un naïf comme on n'en fait plus.

∴

Quatorze mois se sont écoulés depuis que je me suis rendu à la prison. Durant ce laps de temps, Elisabeth est devenue officiellement ma fille. Elle travaille avec son professeur qui se félicite de son application et son intelligence, et continue à bien s'entendre avec sa camarade Lucie. Mais moi qui la connais mieux que quiconque, je sais qu'Elisabeth n'est avec nous qu'en partie si je puis dire. Je n'ignore pas qu'elle vit dans l'attente du procès et je redoute un verdict qui n'atteindrait pas seulement Tourniac.

**
*

Grâce au commissaire Gajoubert, j'ai pu trouver une place aux assises. Dès les premières répliques, j'ai compris que Pierre avait perdu la partie. Les témoins de la défense ne purent rien faire d'autre que d'apporter l'assurance de leur estime à l'accusé. Quant aux témoins de l'accusation, ils n'étaient pas spécialement contre Tourniac, simplement ils exposèrent ce qu'ils avaient déjà dit : la présence de la voiture de Bedous, empruntée par l'accusé, sur les lieux du crime, le congé demandé pour le jour où l'attentat devait se commettre et surtout l'affirmation de Mado assurant les jurés qu'il n'avait jamais été question, entre Pierre et elle, de partir à la campagne au lieu d'aller travailler. La jeune fille ajouta, avec beaucoup de réticences hypocrites, que quelques jours avant le hold-up, son fiancé à qui elle reprochait sa situation pas très brillante, lui avait juré qu'il était certain de devenir riche bientôt. Interrogé sur cette affirmation, Tourniac en reconnut l'exactitude, mais prétendit que c'était une réflexion en l'air faite pour plaire à sa fiancée. Personne, visiblement, ne le crut et le juge rendit le verdict suivant : vingt ans de réclusion criminelle.

Pierre Tourniac disparaissait de notre horizon. Désormais il ne serait plus qu'un nom que la fuite des jours aurait tôt fait d'user, d'effriter jusqu'au moment où on ne se le rappellerait plus. J'étais trop âgé pour m'émouvoir de cette vieille loi des hommes.

*

Je craignais la réaction d'Elisabeth en apprenant le verdict. J'enrobai la chose autant que je le pus, parlant de libération anticipée et de mille autres sottises. Pendant que je bafouillais en énumérant des espérances auxquelles je ne croyais pas, la petite me fixait de ses yeux secs. Lorsque j'eus terminé, elle se contenta de me répondre :

— Ils n'ont pas cru Pierre qui disait la vérité et ils ont cru ceux qui ont menti. Est-ce que c'est toujours comme ça ?

— Non, non, évidemment... mais penses-tu, en toute conscience que Pierre ait dit la vérité ?

Je lus l'étonnement dans ses yeux.

— Tu en doutes ?

— Ce dont je doute, ma chérie, c'est que ta sœur...

Elle m'interrompit :

— Personne ne connaît Mado.

— Mais enfin, Elisabeth, tout le monde s'est posé la question et personne n'a pu y trouver une explication satisfaisante : pourquoi Mado aurait-elle menti ?

— Elle n'a jamais aimé Pierre.

— Elle pouvait l'envoyer promener sans le faire condamner pour un crime qu'il n'aurait pas commis ! Ce n'est pas un monstre, tout de même !

— Mado est malheureuse.

— Malheureuse ! et pourquoi ?

— Parce que le Bon Dieu a oublié de lui donner un cœur.

Je ne pus rien en tirer de plus et comme je m'ouvrais de ma déception à Adeline, j'eus la surprise d'entendre celle-ci me répliquer :

— Docteur, je respecte votre savoir et votre expérience... pourtant, j'ai plus confiance dans la petite qu'en vous pour certaines choses.

— Une gamine de quatorze ans !

La gouvernante hocha la tête pour me confier :

— Elle a bien plus que ça... et elle voit plus clair que nous tous.

— Je serais curieux de savoir pour quelles raisons, par exemple !

— Parce qu'elle a le regard pur.

— Ça signifie quoi, votre remarque idiote ?

— Qu'elle ignore tout de ce que nous avons appris au cours de nos existences, docteur et qui, dans l'ensemble, n'est pas très joli. Elle, elle est dans un autre monde... tout ce qui nous empêche de juger ou nous pousse à mal juger, elle ne le connaît pas... Elle est neuve et elle restera toujours neuve, à l'écart des laideurs de la vie.

Elle baissa la voix :

— Je peux vous le confier : par moments, elle me fait un peu peur.

Je ricanai :

— Une extralucide, en quelque sorte ?

— Non, simplement une enfant beaucoup plus vieille que son âge, ainsi que tous ceux qui souffrent, et qui voit les gens comme ils sont, ce que nous ne savons peut-être plus faire.

Il y avait six mois que Pierre avait été condamné, lorsque nous arriva une lettre de lui. Elle était adressée à Elisabeth. La petite la lut hors de notre présence car nous ne voulions pas la troubler. Ce fut elle qui nous appela, Adeline et moi, pour nous en donner lecture.

Ma chère Elisabeth,

Si je ne t'ai pas donné plus tôt de mes nouvelles c'est que je ne l'ai pas pu, et puis, je dois te confesser qu'après ma condamnation, j'ai eu un cafard terrible. J'avais envie de mourir. Je ne supportais pas l'idée de demeurer vingt ans en prison. Ensuite, je me suis repris tout doucement. Maintenant, je me sens en pleine forme. Sais-tu les raisons de ce changement ? La vengeance. Je veux sortir un jour pour faire payer à ceux qui m'ont, sciemment, enfermé dans un piège d'où je ne pouvais pas sortir. Depuis deux ans, j'ai eu tout le temps de réfléchir, de tourner et de retourner le problème dans ma tête. On connaîtra la vérité quand ta sœur se décidera à expliquer pour quelles raisons elle a menti. Car, elle a menti, Elisabeth. Toi, tu me crois, n'est-ce pas ? Toi, tu savais à quel point je l'aimais, tu savais que je ne discutais jamais ses caprices. Tu la voyais me tourner en bourrique et ce qui a semblé incompréhensible aux autres, toi tu l'as compris. Mado n'est pas foncièrement mauvaise. C'est une tête folle. Elle s'ennuie à Albi et elle veut de l'argent, beaucoup d'argent pour s'échapper et vivre une existence qui ressemblerait à celle des stars dont elle a les photos dans sa chambre. Je suis convaincu que pour de l'argent — à condition que ce soit une somme importante — elle ferait n'importe quoi. Elisabeth, tu dois arriver avant moi à la vérité puisque tu es sur place. Je te fais confiance et je t'embrasse bien fort. Salue le docteur de ma part et Mme Adeline.

Ton ami Pierre Tourniac — matricule 723 — Section I. Bâtiment A.

Le visage d'Elisabeth rayonnait. Je ne l'avais jamais vue ainsi. Je crus de mon devoir de ne pas la laisser se perdre dans des illusions qui en s'effritant, lui feraient mal.

— En admettant que l'on doive croire ce que t'écrit ce malheureux, je trouve ridicule qu'il te charge de découvrir ce qu'il appelle la vérité ! Je me demande bien de quelle façon tu t'y prendrais, à ton âge et dans l'état où tu es !

Elisabeth nous adressa un beau sourire avant de me dire :

— Mais, pépé, la vérité, je la connais.

CHAPITRE III

Je la regarde sévèrement et je dis du ton le plus grave, le plus solennel :
— Elisabeth, tu n'es plus une enfant... Tu as l'âge où l'on comprend le sens des mots et parce que j'ai une grande affection pour toi, je souhaiterais que tu sois mieux que toutes les autres... C'est pourquoi, je déteste quand tu te mets à parler pour remuer du vent, pour ne rien dire.
Elle me sourit :
— Mais, pépé, je sais parfaitement ce que je raconte. Je t'ai assuré, et je te le répète, que je connais la vérité au sujet du hold-up.
— Elisabeth, je crois bien que si... enfin que si tu n'étais pas comme tu es, je te flanquerais une paire de gifles !
Ce coup-ci, elle se met franchement à rire.
— Jamais tu me battras, parce que tu as confiance en moi, même quand tu cries que ce n'est pas vrai.
— Je n'ai pas confiance en toi quand... lorsque... Ecoute-moi, Elisabeth, sois raisonnable : comment

aurais-tu découvert la vérité sans bouger de ton fauteuil ?
— En voyant les choses.
— Quelles choses ?
— Les choses...
— Que tu es seule à voir, naturellement ?
— Que je suis seule à regarder.
— Pourquoi ?
— Parce que les autres n'y font pas attention.
Je cède la place, excédé.

*
* *

La petite amie d'Elisabeth venait de la quitter et ma fille rangeait ses livres et les jouets avec lesquels les deux enfants se distrayaient. Je me tenais auprès d'elle. Dans ces moments-là, les joues encore colorées par l'animation du jeu, je la sens plus proche de moi ; oserais-je avouer qu'elle m'intimide moins ? Elle babillait, m'expliquait que sa camarade avait commis telle ou telle bévue et des éclats de triomphe brillaient dans ses yeux : elle avait gagné, elle avait été la plus forte en dépit de ses jambes !

L'arrivée d'Adeline nous obligea à quitter le monde de l'enfance pour replonger dans celui des hommes. La gouvernante paraissait en proie à une vive émotion et nous lâcha tout à trac :
— Jamais j'aurais cru entendre une chose pareille ! Savez-vous ce qu'on vient de m'apprendre ?
— Non.
— Les fiançailles de ta sœur, Elisabeth !
Comme Elisabeth ne témoignait aucune curiosité, je la remplaçais pour demander :
— Qui épouse-t-elle ?
— Gilbert Nalliers !

La voix fluette de l'enfant décréta :
— Elle ne pouvait pas en épouser un autre...
— Et pourquoi, s'il te plaît, ta sœur ne pouvait-elle pas épouser un autre que Nalliers ?
Elle me regarda, surprise.
— Mais, pépé, il faut bien qu'ils dépensent ensemble l'argent du hold-up !
— Elisabeth ! c'est honteux ! oser... Tiens, je préfère m'en aller, je serais capable d'oublier que je ne peux pas te flanquer la correction que tu mérites !
Adeline gronda entre ses dents :
— Je voudrais bien voir ça, par exemple !
Trouvant enfin un adversaire à ma taille, je donnai libre cours à ma colère.
— Une pareille réflexion de votre part ne m'étonne pas ! Vous vous pliez à ses quatre volontés et au lieu de la gronder quand elle débite des sottises, vous l'encouragez ! Votre influence est pernicieuse, Adeline !
— Vous oseriez répéter ce que vous venez de dire ?
— Je le répéterai si cela me plaît !
Et comme cela ne me plaisait pas, je suis sorti. Mais à peine, étais-je assis à mon bureau que la gouvernante m'y rejoignait. D'entrée, elle attaqua :
— Vous n'avez pas honte, docteur, de parler sur ce ton à Elisabeth et de menacer cet ange du Bon Dieu ?
— Votre ange du Bon Dieu se conduit à la façon d'une petite garce !
— Oh ! vous !... C'est vous qui... !
— Vous trouvez peut-être normal qu'elle se permette d'accuser sa sœur d'être une criminelle ? J'admets que Mado ne soit pas intéressante, mais d'ici à la salir de cette façon...

— Qui vous prouve qu'elle la salit ?
— Adeline, vous êtes devenue folle ou quoi ?
Elle avança vers moi.
— Vous, vous jugez normal que Mado épouse Nalliers, Nalliers qui était sans doute son amant pendant qu'elle faisait la cour à Pierre ?
— Je ne tiens pas à discuter ! Vous êtes de mauvaise foi ! et puis, et surtout si Nalliers était son amant, vous n'allez pas lui reprocher de régulariser leur situation ?
— Ce que je leur reproche, c'est d'avoir attendu que Pierre ait été condamné et enfermé pour convoler !
— En somme, vous partagez les convictions d'Elisabeth ? Ça ne m'étonne pas, d'ailleurs.
— Oui, je les partage !
— L'opinion d'une gamine !
— D'une gamine qui est plus intelligente que moi, et au moins aussi intelligente que vous !
— Vous déraisonnez, ma pauvre Adeline !
Sans autre façon, ma gouvernante attrapa une chaise capitonnée de vieux cuir et s'assit en face de moi.
— Docteur, vous aurez beau vous mentir à vous-même, vous ne réussirez pas à me convaincre !
— Qu'est-ce que vous me chantez là ?
— Vous savez comme Elisabeth, comme moi, que Pierre est innocent ! Osez dire le contraire ?
— Je conviens que son aventure continue de me troubler et que je ne suis pas encore parvenu à me persuader de sa culpabilité.
Elle pencha son buste sur mon bureau et me regardant dans les yeux :
— Vous n'y arriverez pas, docteur. Vous n'ignorez plus que c'est Nalliers qui a tout manigancé et

que cette garce de Mado a été chargée de choisir le bouc émissaire !

— Vous allez ! vous allez !

— Alors, expliquez-moi donc pourquoi une fille comme Mado s'est efforcée de séduire un garçon du genre de Pierre ?

— J'avoue ne pas comprendre.

— Vraiment ? Parce qu'il était le convoyeur de la camionnette transportant la paie ! et dans votre cœur, vous savez que le rendez-vous du lundi a parfaitement été donné par Mado ! et vous vous doutez que c'est elle qui a pris le revolver du gros benêt et l'a replacé après usage ! elle vous a tous possédés ! vous, le commissaire de Toulouse et celui d'ici ! Nalliers et elle se sont arrangés pour que Pierre soit coincé et ils y ont réussi les maudits, car personne n'arrivera à prouver qu'ils ont menti !

— Je ne peux pas vous croire, Adeline !

— Vous ne pouvez pas ou vous ne voulez pas ?

— Je... je ne sais plus...

C'était reconnaître ma défaite. Piteux, je murmurai :

— Que faire ?

— Rien, hélas... Il n'y a rien à faire.

Elle se leva pesamment.

— Mais au moins, ménagez la petite... Elle a été traumatisée lorsqu'elle s'est aperçue que les grandes personnes mentaient... Si vous voulez mon avis, elle ne s'en relèvera pas... Elle ne supportera pas le triomphe des méchants... et elle est malheureuse de constater que vous prenez leur parti.

— Moi ?

— Par votre indifférence !

Sur ce, elle me quitta et me laissa en tête à tête avec mes réflexions.

Je devais reconnaître que si je n'avais pas trouvé

d'objection pour combattre la thèse d'Adeline, cela tenait à ce que sans en prendre clairement conscience, je partageais quelques-unes de ses idées. Dans le calme retrouvé de mon cabinet, j'essayais de faire le point.

Ce qui plaidait en faveur de l'innocence de Pierre, c'était la sottise de sa défense au cas où il l'aurait inventée. Comment imaginer, en effet, que Mado ne nierait pas cette invitation à une partie de campagne si elle n'avait vraiment pas été au courant ? Que Tourniac, en constatant que sa fiancée ne venait pas, ne se soit pas rendu chez ses parents — au cas où elle eut été malade — ou au Monoprix, où elle avait pu être appelée par convocation spéciale, révoltait le bon sens. Il n'avait pas osé parce que ce faible craignait la fille qu'il aimait. Il était de la race des soumis et c'est essentiellement cette attitude d'une veulerie difficile à accepter qui, pour moi, rendait un son authentique. De plus, j'admettais fort bien que, se disposant à rejoindre son bureau, il ait été littéralement terrorisé par l'annonce de l'attentat, car son absence le rendait moralement responsable de la mort de l'un des deux hommes et du vol important au préjudice de la banque. Enfin, je retenais l'argument d'Elisabeth : pour quelles raisons, une Mado avait-elle feint de s'amouracher d'un garçon qu'elle méprisait ? Pourquoi se fiancer avec Tourniac alors qu'elle aimait Nalliers qui l'aimait ? L'assureur n'était pas plus riche aujourd'hui qu'hier et je n'ignorais pas que si la Direction toulousaine l'avait maintenu sur place après le hold-up, ce n'avait été qu'à la suite d'une démarche de Chapaize.

J'avançais doucement, ne voulant laisser aucun détail dans l'ombre et discutant contre moi-même. Je parvenais à cette conclusion : si Pierre Tourniac était bien l'auteur du hold-up, il s'était conduit comme le dernier des imbéciles et avec une telle maladresse qu'on se trouvait en droit de supposer qu'il voulait se faire prendre la main dans le sac. Condamné, qu'est-ce qui l'avait poussé à refuser de révéler l'endroit où il aurait caché le magot ? A quoi lui servirait ce dernier dans vingt ans, avec tous les risques de dévaluation, voire de changement de monnaie ? En bref, la culpabilité de Tourniac se heurtait à trop d'invraisemblances et, à mon sens, les juges auraient dû parvenir avant moi aux incertitudes qui étaient aujourd'hui les miennes. Il est vrai que moi aussi je m'étais laissé prendre aux apparences et les évidences trop faciles m'avaient paralysé le jugement. Toutefois, des hommes de métier auraient pu, me semble-t-il, éviter ces écueils.

Par contre, si l'on admettait l'innocence de Pierre et la culpabilité du couple Mado-Nalliers, tout devenait clair. L'assureur à court d'argent met au point le hold-up avec Mado qui a tant envie de mener la vie à grandes guides. Elle recherche Tourniac, non pas parce qu'il est un brave garçon, mais pour sa situation de caissier à la banque Chapaize et plus encore pour son rôle de convoyeur de la paie d'Espagnor. Elle persuade le naïf qu'elle va l'épouser et il est tellement ébloui par ce qu'il tient pour une chance extraordinaire, qu'il avale tout ce qu'il plaît à la fille de lui faire avaler. Ainsi cette étonnante partie de campagne, un lundi. Pourquoi précisément ce lundi ? Parce que c'est le jour où le soi-disant fiancé doit convoyer l'argent de la banque. Elle le poussera à solliciter un congé qui intriguera et devrait braquer les enquêteurs contre le suspect. En allant chercher sa réponse, le dimanche soir, elle a pu s'emparer du revolver. Nalliers est au courant par elle, de l'emprunt de la voiture de Bedous. Mado a fixé le rendez-vous très tôt, sachant ou prévoyant que Pierre n'attendrait pas jusqu'à midi pour rendre l'auto à son propriétaire et pendant que Tourniac va à la banque, l'assureur en profite pour dissimuler dans un sac de linge sale le pistolet dont il s'est servi pour tuer les deux employés de Chapaize. En niant le rendez-vous et en s'étant rendue effectivement à son travail ce jour-là, Mlle Pointel réduit à néant l'alibi de son fiancé.

Maintenant, j'étais convaincu de l'innocence de Pierre et je m'en voulais de n'avoir pas écouté Elisabeth plus tôt. Moi, c'était la logique qui me conduisait à ma certitude, elle, c'était la tendresse.

Je prévoyais que Mado et Nalliers ne resteraient pas à Albi. S'ils étaient vraiment coupables, il leur fallait aller dépenser ailleurs leur butin. Je ne pensais pas que Mme et M. Pointel eussent été au courant. Ils étaient tous deux des gens bornés, à l'esprit étroit, sans trop de cœur, mais honnêtes.

Cependant, je devais reconnaître que deux points s'avéraient difficiles à résoudre. Comment Nalliers pouvait-il être sûr que Pierre rendrait la voiture de Bedous avant l'heure fixée pour le hold-up ? Comment savait-il que la banque n'avait pas relevé les numéros des billets ? Dans les deux cas, il avait pris des risques tels qu'il me fallait trouver une explication à une audace ressemblant à un suicide. Longtemps, je ne réussis pas à vaincre ces obstacles jusqu'à l'instant où je me rappelai la remarque de Pointel sur les dépenses exagérées de Bedous à Toulouse. Me fallait-il admettre la complicité du commerçant avec Nalliers ? Si oui, tout s'expliquait. Sitôt l'auto revenue au garage, Bedous passait un coup de fil à l'assureur qui n'avait plus qu'à en prendre livraison pour commettre son forfait et laisser à un témoin le temps nécessaire pour qu'on put noter le numéro de la voiture *empruntée par Tourniac*. Restait le fait qu'on n'ait pas relevé les numéros des billets. Impossible d'imaginer que Mado se soit renseignée sur ce point précis auprès de son fiancé dont elle eut trop dangereusement attiré l'attention. Entraîné par mon élan, j'envisageai la participation de Chapaize au hold-up. Je sentais que j'allais un peu loin, mais pendant que j'y étais... et cela expliquerait si parfaitement qu'on ait omis de noter les numéros des billets afin d'assurer leur anonymat. Je n'osais toutefois pas me dire que j'avais raison.

Après cette bataille contre moi-même, je sentais le besoin de me détendre un peu et puis je ressentais une sorte d'allégresse qui me rajeunissait.

J'ai si souvent marché dans ma ville que je ne me pose jamais la question de décider par où passer. Il semble que mes jambes m'emportent de leur propre chef au long d'itinéraires tant de fois parcourus que je ne les vois pas toujours, au sens réel du terme. Mais quel que soit le parcours emprunté, il aboutit presque toujours au boulevard Général-Sibille. Ce soir-là, comme les autres fois, je décidai d'aller voir les Pointel en dépit de l'heure assez tardive et bien que je ne les fréquentasse plus guère depuis qu'Elisabeth vivait chez moi.

On me reçut correctement, mais sans chaleur. Seul, Edouard s'inquiéta de la santé de sa fille, ce qui lui valut la remarque suivante de la part de sa femme :

— Tu penses bien que si Elisabeth était malade, le docteur nous le ferait savoir ! Tu seras toujours incapable de réfléchir, mon pauvre homme...

Après un salut glacial, Mado se remit à disposer le couvert sans doute pour me faire comprendre que j'étais plutôt inopportun. Comme on ne me demandait pas les raisons de ma visite tardive, je pris le taureau par les cornes.

— Figurez-vous que ma gouvernante m'a confié que des bruits couraient en ville quant à un éventuel mariage de Mado ?

Cette dernière se tournant vers moi, me répliqua avec arrogance :

— Ce ne sont pas des bruits, docteur, mais une certitude. Dans un mois, je serai Mme Nalliers !
— Tiens donc !
Agressive, la fille des Pointel risposta :
— Ça vous étonne ?
— Un peu.
— Et pourquoi, s'il vous plaît ?
— Parce que je m'aperçois qu'Elisabeth avait vu plus loin que moi et c'est un peu humiliant de me faire damner le pion, à mon âge, par une gamine. Il y a longtemps qu'elle m'a prédit votre union avec Nalliers, en précisant qu'elle n'aurait pas lieu avant la condamnation de Tourniac.

Mado s'emporta.
— De quoi se mêle-t-elle, cette peste ?
— Elle aimait Pierre Tourniac.
— Tant pis pour elle !
— Et le voir condamner en dépit de son innocence, l'a marquée.
— Voyez-vous ça !
— Vous savez, Mado, les enfants sont plus sensibles que les grandes personnes à l'injustice.

Germaine Pointel intervint :
— Mais, où voyez-vous de l'injustice dans tout ça ?

Mado ricana.
— Laisse donc, maman. Tu vois bien qu'il est venu pour nous dire quelque chose qu'il n'a pas

encore osé nous dire. Si vous vidiez votre sac, docteur ?

Edouard voulut me défendre.

— Mado ! tu ne dois pas parler sur ce ton !

— Ton avis, papa, tu me le donneras quand je le réclamerai. Alors, docteur ?

— Elisabeth s'étonne que vous ayiez tant attendu pour vous marier avec Nalliers.

— En quoi dois-je lui rendre compte de mes actions ?

— En rien, sans doute, mais vous devez comprendre que toutes ses réactions sont conditionnées par le châtiment de Tourniac qu'elle estime immérité.

— Je ne pense pas que l'avis de cette gosse clouée sur son fauteuil d'infirme compte beaucoup ?

— C'est-à-dire qu'elle passe à réfléchir les heures que les autres mettent à jouer ou à se divertir.

— Ce qui signifie ?

— Qu'elle a le loisir de creuser les idées qui lui viennent à l'esprit et quand la solution lui paraît illogique, elle m'en fait part et lorsque je suis dans l'incapacité de lui répondre, alors je vais aux renseignements.

— Nous y voilà ! Alors, allez-y, qu'on en finisse une bonne fois !

— Puisque vous m'y invitez... Elisabeth aimerait comprendre deux choses. D'abord, pourquoi avez-vous tant attendu pour vous marier, Nalliers et vous, puisque vous entreteniez les rapports les plus affectueux même durant l'époque où vous fréquentiez Tourniac. Ensuite, pour quelles raisons avez-vous fait croire à tout le monde que vous désiriez épouser Tourniac alors que vous n'en avez jamais eu l'intention ? Naturellement, c'est Elisabeth qui parle.

Germaine Pointel résuma ce qu'elle pensait être l'indignation de la famille.

— Elle est raide, celle-là. Tu as entendu, Edouard. Mademoiselle ta fille se pose des questions ! Autrement dit, elle a des problèmes et elle a trouvé un homme que j'aurais jugé plus raisonnable, pour venir nous en parler !

Or, sans que rien dans son attitude ne l'ait laissé soupçonner, Pointel passa avec armes et bagages dans mon camp.

— Ecoute, Germaine, et toi aussi Mado... Les questions qui turlupinent la petite, elles me préoccupent également. Aussi, je serais bien content si tu nous répondais à tous deux ?

Rageuse, Mado s'exclama :

— Alors, il faut que je rende compte de mes actions non seulement à mon père et à ma mère, mais encore à ma petite sœur ? Vous reconnaîtrez que je suis bonne fille de ne pas tous vous plaquer ! Si Nalliers et moi, nous nous marions, c'est que nous nous plaisons, pas plus sorcier que ça ! Si nous avons beaucoup tardé à nous décider, c'est que nous voulions être certains de nos sentiments réciproques et que ce qui n'était qu'un flirt sans importance s'était transformé en un amour solide. Enfin, après le coup dur qu'a été le hold-up de Pierre pour sa carrière, il a fallu que Gilbert rétablisse sa situation et regagne la confiance de ses chefs, ce qui est chose faite aujourd'hui. Quant à mon attitude à l'égard de Tourniac, je me trouvais dans un moment de cafard et j'avais la conviction qu'auprès de lui je mènerais une existence ennuyeuse, mais tranquille. A l'époque, j'aspirais surtout à la tranquillité. Satisfait, docteur ?

— Une dernière question, si vous le permettez ?

— Je vous en prie !

— Pensez-vous vous installer à Albi ?
— Sûrement pas ! j'en ai soupé d'Albi. On ira vraisemblablement vivre sur la Côte. Cela vous surprend ?
— Pas le moins du monde. Elisabeth m'en avait averti.
— Qu'est-ce qu'elle en savait ?
— Pour elle, votre décision était logique et ne pouvait pas être différente. Je vous l'ai signalé, c'est une enfant qui réfléchit beaucoup et ne se laisse arrêter par aucune des contingences qui, trop souvent, nous paralysent.
— Grand bien lui fasse ! Qu'elle réfléchisse à son aise, mais qu'elle nous fiche la paix. C'est une enquiquineuse qui en veut à tous ceux qui ne sont pas estropiés. Je la déteste !
— Elisabeth, elle, est incapable de haïr qui que ce soit. Simplement, elle a de la peine à cause de Pierre.
— Ce n'est pas moi qui l'ai forcé à tuer et à voler !
De ma voix la plus douce, la plus hypocrite aussi, je soulignai :
— Voyons, Mado... Comme Elisabeth, vous savez que Pierre n'est pas coupable.
La jeune fille, se transformant en une véritable furie, se rua sur moi pour me hurler dans la figure :
— Si ce n'est pas Pierre, qui est-ce ? dites-le ! mais dites-le donc !
Posément, je l'écartai :
— Les temps de la vérité ne sont pas encore venus.
— Foutez le camp !
— Pardon ?
— Tout médecin que vous êtes, je vous répète de foutre le camp !

Edouard cria :

— Mado ! tu perds la tête ou quoi ?

Germaine se dressa devant lui :

— Elle a raison ! On nous insulte à domicile et toi, tu ne bouges pas ! Alors laisse aux autres le soin d'accomplir le travail dont tu es incapable !

Le pauvre Pointel m'adressa un regard malheureux. Je lui souris.

— Ne vous tracassez pas, monsieur Pointel, je m'en vais.

Arrivé à la porte, en cabot impénitent, je me suis retourné et sans forcer le ton :

— Les temps ne sont pas venus, mais soyez assurée, mademoiselle Pointel, qu'ils viendront.

Le bruit de la porte que je refermai, étouffa l'injure qu'on m'adressait.

Pointel me rattrapa sur la place Sainte-Cécile. Il était horriblement gêné.

— Docteur... Je vous présente mes excuses... Ces femmes sont... enfin, elles sont trop fortes pour moi... Je n'ai jamais pu réussir à les empêcher d'agir à leur guise... Dites... Vous me laisserez voir Elisabeth ?

— Naturellement.

— Merci... Entre nous, à moi non plus, il ne plaît guère ce mariage... Pourtant, Nalliers a dû arranger ses affaires et de belle façon car il s'est acheté une voiture, une Mercédès, rien que ça !

— Il a pu réaliser de bonnes affaires ?

— Faut croire... Autour de moi, tout le monde semble gagner facilement de l'argent tandis que je dois me contenter de ma paie de magasinier... Ce n'est pas que je sois envieux... C'est à cause de Germaine, vous comprenez ?

— Très bien...

J'attendis d'être sur le quai Choiseul pour demander :

— Qui entendez-vous par tout le monde, Pointel ?
— Les gens que j'ai l'occasion de voir... Tenez, mon patron, M. Bedous...

Mon cœur se mit à battre plus vite.

— ... avec sa femme, il ne cessait de se chamailler eh bien ! maintenant, de vrais amoureux... Le beau fixe dans le ménage... Il est vrai qu'il lui a offert un manteau de fourrure qui a dû lui coûter gros...

— Aurait-il abandonné sa maîtresse toulousaine ?
— Pensez-vous ! tous les quinze jours, il y file !
— Par le train ?
— En auto, avec M. Chapaize qui vient le chercher au magasin.

Je croassais plus que je ne dis :

— Chapaize aurait-il, lui aussi, des amours clandestines ?
— Oui, mais pas les femmes, les cartes. Paraîtrait qu'il a ramassé de ces culottes... Je n'aimerais pas avoir mes économies dans sa banque, entre nous.

En arrivant chez moi, avant même de me débarrasser de mes affaires, je téléphonai au S.R.P.J. de Toulouse et j'eus la chance d'y trouver Gajoubert encore dans son bureau. Bien qu'étonné, il accepta de me recevoir le surlendemain à 11 heures. Au moment de passer à table, j'embrassai très fort mon Elisabeth un peu surprise.

— Tu es la plus intelligente de tous, ma chérie.

*
* *

Le lendemain, avant midi, installé à côté du fauteuil d'Elisabeth, je buvais mon ratafia quotidien en compagnie d'Adeline dont cette liqueur est la faiblesse moins secrète qu'elle ne se le figure. On sonna à notre porte et Adeline qui déteste être dérangée quand elle se livre à son péché mignon, se leva en maugréant pour aller ouvrir. Elle revint bientôt en compagnie de Gilbert Nalliers, un joli paquet à la main. A sa vue, je devinai qu'Elisabeth se raidissait et moi-même je m'interrogeai sur les raisons de la présence, dans ma maison, d'un homme qui n'y avait jamais été invité. Il me salua, salua Adeline et caresssa rapidement la joue de ma fille.

— Docteur, je me suis permis de venir troubler votre quiétude, mais je tenais absolument — quoi que n'y étant pour rien — à vous présenter les excuses de la famille Pointel. J'ai su, par ma fiancée, la façon dont on vous avait reçu et j'avoue que je ne comprends pas, car tous ils ont une espèce de vénération pour vous... Si, si ! Mado ne parle que de vous et Mme Pointel — tout comme son mari d'ailleurs — n'accepterait sûrement pas d'être soignée par un autre que par vous, au cas où elle se verrait gravement malade.

Je le laissais aller son chemin, et ne l'aidais pas, alors que, visiblement, il commençait à s'essouffler. Maintenant, il butait sur les mots.

— Lorsqu'on m'a mis au courant de la scène qui avait eu lieu, d'abord je n'ai pas voulu y croire, ensuite je ne me suis expliqué la chose qu'en la mettant au compte des nerfs de Mado. Elle est sur le point de se marier, de rompre avec son foyer, les siens... bref, vous voyez ?

— Votre fiancée ne m'a pourtant pas l'air d'une émotive ?

— Je pense que vous vous trompez, docteur, si vous me permettez... Mado est une sentimentale.

Elisabeth dit :

— Mado a toujours été malheureuse parce qu'elle n'aime personne. On ne peut pas être heureux quand on n'aime personne.

La réflexion de la petite avait jeté un froid. Nalliers se forçant pour arriver à mettre un petit rire enroué et faussement jovial, répliqua :

— Tu es encore trop jeune, Elisabeth, pour juger les grandes personnes. Plus tard, tu apprendras qu'il y a des circonstances où l'on n'agit pas toujours de la manière dont on le voudrait. Je n'ignore pas que tu étais très attachée à Tourniac... Pas plus que les autres, tu ne pouvais prévoir... Tiens, je t'ai apporté des bonbons...

— Je n'en veux pas.

— Pour quelle raison ?

Elle leva sur lui son regard limpide.

— Je ne mangerai plus de bonbons tant que Pierre restera en prison.

Je vis se pincer les narines de notre visiteur. La colère montait en lui et je me demandais anxieusement ce que je pourrais tenter si jamais il levait la main sur la petite. Mais un simple coup d'œil à la gouvernante me rassura. Elle aussi, amassait une colère solide et si Nalliers donnait imprudemment le signal des hostilités, il y avait gros à parier qu'il le regretterait.

— Tu en veux à ta sœur, n'est-ce pas ? et parce que tu lui en veux, tu m'en veux à moi aussi ?

— Non. Je vous plains beaucoup tous les deux et je pleure quelquefois, la nuit, en pensant à Mado et à vous...

— En voilà une idée !

— Vous devez souffrir, d'avoir envoyé Pierre en prison ?

— Nous ! mais tu es folle ?

— Je ne crois pas, mais c'est possible.
— Allez ! explique-toi et vite ! Sinon...

Adeline se dressa, déesse de la Justice au front d'airain et demanda :

— Sinon... quoi ?
— Cette gosse est infernale !
— Sous prétexte qu'elle dit la vérité ?
— Mais quelle vérité, n. de D... !

La gouvernante gronda :

— Vous pourriez vous exprimer un peu mieux devant le docteur et la petite, non ?
— Avec vos cachotteries...
— Nos cachotteries ?... mais il n'y a pas de cachotteries, jeune homme. Elisabeth pense que c'est vous qui avez assassiné les deux employés de la banque Chapaize, que c'est vous qui avez volé l'argent de la paie et que pour tout cela, vous avez été aidé par votre Mado que vous allez épouser car vous ne pouvez plus ne pas l'épouser de crainte qu'elle ne vous dénonce !

Le visage de Nalliers passait par toutes les couleurs de l'arc-en-ciel tandis que sa bouche s'ouvrait et se fermait convulsivement sans qu'il réussisse à parler.

Quand il y parvint, ce fut pour crier :

— Moi ! Nous !... Une honte ! Vous osez... Docteur ! je vous prends à témoin !
— Mille regrets, Nalliers, je ne saurais être témoin.
— Vous ne... et pourquoi ?
— Parce que je partage l'opinion de ma gouvernante et d'Elisabeth.
— Oh ! Vous... vous m'accusez d'être un... un assassin ?
— Et un voleur.

D'un geste rageur, Nalliers jeta son paquet contre

le mur où il éclata, puis enfonçant son chapeau sur la tête, il déclara furieux !

— Vous aurez bientôt de mes nouvelles vous deux !

Suave, je répondis :

— Par les journaux, sans doute ?

Il fit claquer la porte avec une telle violence que la maison en trembla tout entière. Dans le silence qui suivit cette sortie fracassante, Elisabeth déclara :

— Tu devrais ramasser les bonbons, Didine.
— Je croyais que tu ne les aimais pas ?
— Ça dépend de qui me les donne.

**

Le commissaire Gajoubert m'avait écouté sans m'interrompre une seule fois. Lorsque j'eus terminé mon exposé, il commença par rallumer sa pipe qui s'était éteinte, puis me confia son sentiment.

— Je reconnais que tout se tient très bien dans votre raisonnement. Malheureusement, il part de prémices plus que douteuses : l'innocence de Pierre Tourniac et la culpabilité de trois habitants honorablement connus d'Albi dont l'un occupe une des positions les plus en vue de la ville. Je crains que votre sympathie pour l'accusé ne vous ait fait sauter un peu vite à des conclusions pour le moins aventureuses. Naturellement, je vais me renseigner auprès de la direction de Toulouse de l'entreprise d'assurances qui emploie Nalliers. Mes hommes s'intéresseront aux faits et gestes de cette demoiselle toulousaine aimée de Bedous et l'on enquêtera dans les tripots pour tâcher d'apprendre ce que Chapaize y laisse et depuis combien de temps. Je ne vous cache pas, docteur, que j'accomplirai ce travail pas seulement pour vous être agréable, mais aussi parce que cette histoire m'a laissé une très fâcheuse impression.

Tandis qu'il me raccompagnait, le commissaire ajouta :

— Cependant, docteur, ne nourrissez pas trop d'illusions. Il est très difficile de demander la révision d'un procès. Pour cela, il nous faudrait des preuves nouvelles de l'innocence de Tourniac, et ça...

*
* *

En me rendant à la gare des cars où j'allais prendre celui d'Albi, je me heurtai à Bedous. Il marqua une certaine surprise de me voir là. J'aurais aimé l'éviter. Jusqu'ici, il m'avait été indifférent, mais depuis que je le suspectais d'être une canaille et un des responsables des déboires de Pierre, je m'étais mis à le détester. A la seule manière dont je répondis à son salut, il comprit que quelque chose ne tournait plus rond entre nous. Il s'en tira en ironisant.

— Oh ! oh ! docteur... seriez-vous embêté de m'avoir rencontré ?

— Pourquoi le serais-je, à votre avis ?

Il m'adressa un coup d'œil complice.

— Peut-être craignez-vous que je vous soupçonne d'avoir une « habitude » à Toulouse ?

— A mon âge, c'est une plaisanterie d'un goût douteux.

— Ta ! ta ! ta ! l'âge n'a rien à voir.

— Décidément, vous me flattez en me croyant aussi gaillard que vous.

Il me regarda, incertain.

— Qu'entendez-vous par là ?

— Heureux homme ! Penseriez-vous, par hasard, que tout Albi ignore votre bonne fortune toulousaine ?

Déconcerté, il ne put que répondre :

— Ça, par exemple ! comment, diable êtes-vous au courant ?

— Je ne me rappelle plus qui m'en a fait confidence.

— Ces petites villes sont terribles ! en tout cas, je peux compter sur votre discrétion, docteur ?

— J'ai été trop longtemps une sorte de confesseur laïque pour avoir perdu l'habitude du secret.

— Merci.

— De votre côté, vous ne m'avez pas vu.

— Soyez-en sûr.

— Je ne tiens pas à ce qu'on sache que je me suis rendu clandestinement chez le commissaire Gajoubert.

— Celui qui a arrêté Tourniac ?

— Lui-même.

— Il vous avait convoqué ?

— Non, je suis allé lui rendre visite de mon propre chef pour lui exposer les faits nouveaux que j'avais découverts et qui tendent à démontrer que Tourniac a été condamné injustement.

Il se troubla.

— Je... je pensais qu'après le verdict... l'histoire était définitivement close ?

— Pas si une preuve de l'innocence du condamné est apportée au tribunal.

D'un coup de langue rapide, il s'humecta les lèvres.

— Et cette preuve, vous l'avez ?

— C'est-à-dire que je connais l'auteur du hold-up, mais vous comprenez que je ne puisse en ajouter plus pour le moment. Au revoir, cher ami et bonne

soirée. Qui sait si ce ne sera pas la dernière ?
— Pardon ?
— Je faisais allusion à la mort qui, à partir d'un certain âge, peut nous appeler d'un instant à l'autre.
Rogue, avant de me quitter, il remarqua :
— Vous avez une manière de plaisanter qui n'est pas drôle du tout !
— Déformation professionnelle, sans doute et aussi une longue expérience.
En montant dans le car d'Albi, je me persuadai que Bedous n'allait pas goûter — contrairement à ce que je lui avais hypocritement souhaité — une aussi paisible soirée que prévue.

Quelques jours plus tard, alors que je venais de pénétrer dans mon bureau, je reçus un appel téléphonique émanant du commissariat de police d'Albi.
— Allô ? le docteur Beauvoisin ?
— Lui-même.
— Ici, le secrétaire du commissaire Lavollon. Le commissaire serait heureux, docteur, si vous pouviez passer le voir le plus tôt possible.
— Entendu. Je serai chez lui avant midi.
— Merci, docteur.
Sitôt que j'eus raccroché, j'allais trouver ma gouvernante dans sa cuisine.
— Adeline, je crois que ça y est !
— Quoi donc ?
— Lavollon me prie de lui rendre visite.
— Et alors ?
— Et alors, il a dû recevoir des nouvelles de Toulouse.
La gouvernante que j'avais mise au courant de

mon entretien avec Gajoubert, poussa un soupir.

— Ce serait trop beau... Je n'ose pas y croire.

— Mais voyons, si Gajoubert a téléphoné c'est qu'il a trouvé quelque chose d'intéressant et qu'il a prié son collègue de me mettre au courant.

— Pourquoi ne vous a-t-il pas parlé lui-même ?

— A cause de l'Administration, ma toute bonne ! Il ne peut avoir l'air d'agir par-dessus la tête de Lavollon sans humilier ce dernier.

D'un pas guilleret, je gagnai les Lices de Rhônel et je franchis le seuil du commissariat d'un air vainqueur. Le commissaire ne m'accueillit pas avec la chaleur que je m'estimais en droit d'attendre de sa part. Il devait être un peu vexé de ce qu'un profane lui ait damé le pion.

— Asseyez-vous, docteur.

— Comment allez-vous, mon cher commissaire ?

— Si vous le voulez, nous laisserons ces mondanités de côté, pour l'instant.

— Oh ! oh ! vous ne semblez pas d'humeur joyeuse ?

— Je ne le suis jamais lorsque j'apprends que des gens pour qui j'ai de l'estime, tombent dans le travers commun consistant à se mêler de ce qui ne les regarde pas !

A mon tour, la moutarde me monta au nez.

— Je vous serais obligé de vous expliquer ?

— C'est dans cette intention que je vous ai convoqué.

— J'écoute.

— Docteur, vous n'êtes plus un enfant et il me semble que vous devriez comprendre à quel point les amateurs sont odieux aux gens de métier. Qu'auriez-vous dit, autrefois, si n'importe qui avait donné des consultations médicales sans avoir le moindre diplôme ?

— Je ne vous suis pas. On vous a téléphoné de Toulouse ?

— Non, on ne m'a pas téléphoné de Toulouse, mais j'ai reçu la visite de Philippe Nalliers et celle de Louis Bedous.

Ma déception me rendit hargneux.

— Qu'est-ce que vous voulez que cela me fasse. Chacun a les relations qu'il veut.

Le ton montait.

— Je ne plaisante pas, docteur !

— Permettez-moi de le regretter.

— Comment avez-vous osé traiter Gilbert Nalliers d'assassin et de voleur ?

— Qui vous l'a rapporté ?

— Lui, bien sûr !

— Je n'ai pas invité Nalliers. Il s'est présenté chez moi de son propre chef et je l'ai traité de la façon dont il me convenait. Figurez-vous que je suis encore maître dans ma maison !

— Avez-vous entendu parler de diffamation ?

— Je ne pense pas avoir fait part à qui que ce soit de mon opinion sur M. Nalliers ?

— Et votre gouvernante ?

— Elle est ma gouvernante, justement, donc à mon service.

— Savez-vous que je me demande si vous n'êtes pas en train de perdre la tête ?

— Il est vraiment curieux que lorsque vous tentez de démontrer à un homme de métier qu'il se trompe dans l'exercice de son métier, il a tendance à vous prendre pour un fou, un maniaque ou un imbécile.

— Mais, tonnerre ! personne ne vous a demandé de jouer les policiers !

— Qu'en savez-vous ?

Il en resta interloqué et j'en profitai :

— Figurez-vous que pendant que vous prêtez une oreille complaisante aux divagations de Nalliers, il y a un homme qui est enfermé pour un crime qu'il n'a pas commis !

— C'est vous qui le prétendez !

— Je le prouverai !

— En attendant, vous voudrez bien vous abstenir d'injurier vos concitoyens !

— Ce genre de concitoyen, je vous le laisse, mon cher commissaire. Si cela peut vous rassurer toutefois, je vous donne ma parole que je n'ai pas plus l'intention de rencontrer Nalliers que Bedous.

— Parlons-en de celui-là !

— Je n'en vois pas la nécessité. Il me dégoûte autant que l'autre.

— De quel droit lui avez-vous assuré que vous connaissiez le meurtrier des employés de la banque et que ce n'était pas Tourniac ?

— Pour la plus simple des raisons : c'est la vérité.

— Docteur, il faut que je me cramponne à notre vieille amitié pour ne pas vous susciter de graves ennuis ! Jouer les redresseurs de torts à votre âge !

— Monsieur le commissaire, quand vous aurez mon âge, — puisque vous avez l'amabilité douteuse d'y faire allusion — vous saurez que le sentiment de la justice est celui qui demeure le plus longtemps au cœur de l'individu et lorsque les gens chargés d'en imposer le respect se révèlent au-dessous de leur tâche, il est normal que les braves gens n'ayant personne à ménager, se substituent à eux !

Devenu pourpre, Lavollon bégaya :

— Fichez... vite le... camp, docteur... je... je redoute ce que je me sens capable de... de décider !

J'étais dans une telle rage que je suis rentré à la

maison, sans rien voir autour de moi. Ainsi, Lavollon prenait, lui aussi, le parti de Nalliers et de Bedous ! Il ne me venait pas à l'esprit qu'il n'était pas contraint de partager ma conviction quant à l'innocence de Pierre. Moi qui prônais la justice, je me conduisais à l'égard du commissaire de la manière la plus injuste. La réaction d'Adeline à qui je racontai mon altercation avec Lavollon ne fut pas pour me calmer. Elle maudit tous les policiers en vrac et me renforça dans mon intention de continuer la lutte.

Après le déjeuner, j'eus une sieste mouvementée. Dès que je m'endormais, je me trouvais en présence de Lavollon, de Nalliers et de Bedous composant une sorte de tribunal devant lequel je comparaissais. Leurs ricanements m'arrachaient au sommeil, trempé d'une mauvaise sueur. Je dus me lever pour boire un verre d'eau qui contraria ma digestion et acheva de me mettre hors de moi.

*_**

La sonnerie du téléphone me fit sortir, en fin d'après-midi, d'une rêverie morose. C'était Gajoubert. Dès lors, je ne pensais plus à Lavollon.

— Docteur, nous nous sommes livrés aux vérifications que vous souhaitiez... Je suis au regret de vous déclarer qu'elles ne prouvent ni n'affirment vos hypothèses. Il est établi que votre commerçant a une maîtresse qu'il entretient, mais sur un pied qui n'a rien d'excessif et le manteau de fourrure dont vous aviez parlé, provient de la garde-robe de la Toulousaine, à laquelle on en a offert un autre. Ce serait plutôt un trait d'économie que de prodigalité, n'est-ce pas ? Quoi qu'il en soit, votre homme a eu la sagesse de se choisir une amie qui a le gabarit de son épouse légitime. Malin, sinon délicat, n'est-il pas vrai ? Il est exact que l'amateur de cartes a ramassé de somptueuses culottes et qu'il soit encore endetté dans plusieurs cercles, mais il se libère petit à petit. Son établissement personnel n'est ni plus prospère ni plus menacé qu'il ne l'était avant l'affaire qui nous préoccupe. Enfin, sachez que si votre assureur a effectivement acheté une Mercedes, la voiture est d'occasion. A la direction de sa maison, il semble qu'on lui ait pardonné de n'avoir pas eu la main heureuse, mais on y affirme être content de ses services. Cependant, il va quitter la compagnie qui l'emploie pour entreprendre on ne sait quoi sous d'autres cieux que le ciel albigeois. En résumé, docteur, impossible de prouver que la façon de vivre des trois personnes suspectées ait changé de manière évidente depuis les événements que nous connaissons. Pour vous consoler, je vous dirai encore que rien ne prouve non plus que nous n'ayons pas affaire à des gens habiles et d'une très grande méfiance qui attendraient le temps nécessaire pour jouir en paix du fruit de leur crime. Il n'est pas interdit de penser que le commerçant a rétabli son négoce par des ponctions discrètes dans un trésor mal acquis, que le banquier paie ses dettes de la même façon et que le fiancé soit décidé à avancer très prudemment sur le chemin de la fortune afin que nul n'ait l'idée de lui réclamer des comptes. Voilà tout ce que j'avais à vous apprendre, docteur.

— Merci, commissaire.

— Déçu, hein ?

— Très... J'imaginais être parvenu au bout du chemin et je suis bien obligé de me rendre compte que je n'ai guère avancé.

— C'est un aveu que pourraient faire nombre de policiers, vous savez.

— Je pense à l'autre, dans sa prison.

— S'il n'est pas coupable.

— S'il n'est pas coupable... En tout cas, je vous remercie d'avoir pris ma thèse en considération et je vous prie de me pardonner pour le tracas inutile que je vous ai imposé.

— Ne vous excusez pas, docteur, c'est notre boulot. Au revoir.

— Au revoir, commissaire.

Je raccrochai avec le sentiment d'avoir beaucoup vieilli en quelques heures. Etait-il possible qu'Adeline et moi ayons été assez sots pour prendre à notre compte l'obsession d'une petite fille meurtrie dans son affection ? Passant de l'espoir à l'abattement le plus profond, je n'étais pas loin de me traiter de vieil imbécile qui, à soixante-douze ans, se couvrait de ridicule parce qu'il avait agi comme un gamin. Mais le vin étant tiré, il fallait le boire, pour si amer qu'il fût.

Adeline et Elisabeth conversaient à voix basse lorsque je les rejoignis. A mon attitude, la gouvernante comprit que quelque chose de grave s'était produit.

— Docteur... ça ne va pas ?

— Ça ne va plus du tout, Adeline.

J'estimai de mon devoir de les détromper toutes les deux au plus vite, même si je devais leur porter un coup cruel.

— Le commissaire Gajoubert vient de me téléphoner. En un mot, il ressort de l'enquête discrète à laquelle se sont livrés les policiers que rien dans la situation, l'attitude de nos trois suspects, ne permet de les soupçonner de ce dont nous les accusons. Il faut accepter notre défaite et renoncer à une lutte désormais sans objet.

Je m'attendais soit à des pleurs, soit à des cris. Il n'y eut ni pleurs, ni cris. La gouvernante se contenta de remarquer :

— Cela prouve que votre commissaire n'est pas plus malin aujourd'hui qu'il ne l'était hier.

— Pourquoi vous entêter, ma pauvre amie ?

— Parce que je suis de celles qu'aucune difficulté ne rebute quand elles sont sur la route de la vérité.

Et elle ajouta sévèrement :

— La foi n'est pas donnée à tout le monde et c'est regrettable.

Je compris qu'il s'avérait inutile d'essayer de la convaincre de son erreur.

— Alors, pépé, maintenant, tu penses que Pierre est le coupable ?

Il y avait tant de désespoir contenu dans la voix d'Elisabeth que j'eus donné n'importe quoi pour pouvoir lui répondre par la négative, mais à quoi bon lui mentir ? Je n'avais pas le droit de la laisser se perdre dans des illusions.

— Pardonne-moi, mon petit, mais sincèrement je ne sais plus ce que je crois.

— Ça n'a pas d'importance, puisque Didine et moi, on a confiance.

La gouvernante apporta son appui à Elisabeth en prophétisant :

— Une heure viendra où ceux qui doutent éprouveront une grande honte d'avoir douté.

*
**

Les jours qui suivirent me furent pénibles. Je me sentais séparé de celles que j'aimais et je ne quittais guère mon bureau. Je n'osais pas me risquer en ville, de crainte de tomber sur Mado, Nalliers, Bedous ou Lavollon. J'aurais eu bonne mine ! J'en arrivais à me demander si je ne devrais pas aller m'excuser auprès du commissaire et de Pointel. Seule la crainte de passer, cette fois, pour un traître aux yeux d'Elisabeth et de ma gouvernante me retint.

La date du mariage de Mado approchait sans qu'aucun des Pointel ne se soit présenté chez moi. Il était à penser que notre algarade avec Nalliers avait définitivement rompu des ponts déjà bien fragiles. Même Edouard ne s'était pas inquiété de sa fille. Entre Elisabeth, Adeline et moi, le climat ne ressemblait plus à celui qu'il avait été. On se méfiait. Mon entrée dans la pièce d'Elisabeth suspendait des entretiens chuchotés. J'avais la triste impression d'être devenu l'ennemi.

Nous avions installé la petite, durant la journée, dans ce qui avait été jadis le salon d'attente de mes clients. La pièce, au rez-de-chaussée, ouvrait sur la rue, ce qui permettait à Elisabeth et à Adeline de converser avec des passants habitant le voisinage. C'était là leur principale source de renseignements. Ainsi, nous apprîmes, un lundi soir, que le mariage de Mado et de Nalliers était fixé au samedi suivant. Le mardi, je reçus un nouveau coup de téléphone de Toulouse.

— Docteur Beauvoisin ?

— Lui-même.

— Ici, Gajoubert... Docteur, je pense que nous avons été bien inspirés de ne pas nous lancer à l'aveuglette dans la direction que vous m'aviez indiquée.

— Pourquoi ?

— Parce que désormais la culpabilité de Tourniac ne laisse place à aucun doute.

— Il a avoué ?

Je crois bien que durant quelques dixièmes de seconde, mon cœur a cessé de battre.

— C'est tout comme. Il s'est évadé avec un complice condamné lui-même à vingt ans. Quand on est innocent, on ne s'évade pas.

Ne sachant quoi répondre, je reposai l'appareil, oubliant de prendre congé de l'obligeant policier. Ce fut quasiment d'un pas de somnambule que je descendis auprès d'Elisabeth et d'Adeline pour leur annoncer la nouvelle. A son tour, la gouvernante craqua :

— Il n'aurait pas dû...

— S'il s'est sauvé, c'est qu'il a réalisé que la partie était perdue pour lui.

Je n'osais pas regarder Elisabeth, craignant de voir son petit visage ravagé par le chagrin et quand je m'y risquai, je constatai qu'elle souriait.

— Pépé, moi, je crois que Pierre s'est échappé pour se venger.

*
* *

Le mercredi matin, la radio régionale annonça l'évasion et ajouta que les deux fuyards, à un passage à niveau, n'avaient pas pris garde au train qui arrivait et l'un d'eux avait été réduit en bouillie par le rapide de nuit reliant Bordeaux à Narbonne. Le corps du malheureux était dans un tel état qu'on avait été incapable de se prononcer sur l'identité de la victime. Pour décider s'il s'agissait de Tourniac ou de son compagnon Biencourt il faudrait attendre que l'autre ait été repris.

Le survivant avait enlevé au cadavre tout ce qui pouvait permettre de l'identifier. Note pittoresque, on avait trouvé sur le ballast, une petite poupéefétiche de laine multicolore dans la poche de celui dont on avait rassemblé les restes. On ignorait auquel des deux hommes elle appartenait.

Il y avait donc une chance sur deux que Pierre fut encore de ce monde. Je résolus de cacher la chose à ma fille, mais à peine l'avais-je rejointe qu'elle me demanda :

— Tu as entendu les nouvelles, pépé ?
— Oui, mais tu sais, il ne faut pas...
— Quelle chance il a eue, Pierre !
— Quelle chance il a eue, Pierre !
— C'est son camarade qui a été tué par le train.
— Comment le sais-tu ?
— Je le sais.

Elle ne voulut rien dire d'autre. Je n'insistai pas, de crainte de voir s'évanouir sa trop belle conviction.

Ce jour-là, nous apprîmes aussi que Mado et Nalliers, pour des raisons personnelles, avaient reculé de quinze jours, la date de leur union. Elisabeth déclara qu'ils avaient peut-être peur de voir Pierre apparaître à la cérémonie. Il y avait sûrement du vrai dans cette opinion et je goûtai une petite revanche sur les humiliations que j'encaissais depuis un certain temps et qui étaient fort douloureuses, bien qu'elles n'eussent que moi pour témoin.

Le commissaire Lavollon me téléphona sur le soir.

— Je crois inutile de vous demander, docteur, si vous êtes au courant de l'évasion de Tourniac ?
— Inutile, en effet.
— Je veux croire que cette fuite vous a fait changer d'avis quant à sa culpabilité ?
— Pas encore.
— Mais, nom d'un chien, s'il était innocent, pourquoi se serait-il évadé ?

Je pensai à ce que m'avait dit Elisabeth.
— Peut-être pour se venger ?
— Se venger... de qui ?
— De ceux qui l'ont envoyé là où il était.
— Vous êtes, décidément, entêté comme une mule !
— Et vous aveugle comme une taupe ! comprenez donc, à la fin, que les moutons peuvent devenir enragés ! Se voir coller vingt ans de réclusion quand on est innocent doit vous secouer assez pour qu'on n'ait plus qu'une pensée et qui tourne vite à l'idée fixe : punir ceux qui ont brisé votre vie !
— Du roman !
— Possible, mais je préfère être dans ma peau que dans celle de Nalliers et de ses amis !
— Ne vous tracassez pas pour eux, nous saurons les protéger. En attendant, je vous rappelle que si Tourniac se montrait chez vous ou simplement essayait d'entrer en contact avec vous, vous devriez immédiatement m'en informer. Vous ne tenez tout de même pas à être accusé de complicité ?

Je raccrochai sans répondre. Il m'énervait, ce policier.

Le vendredi, il y avait une lettre pour Elisabeth, dans le courrier. Une écriture qu'il me semblait connaître. Je la portai à la petite qui, sitôt qu'elle eut jeté les yeux sur l'enveloppe, cria :
— C'est Pierre !

Je sus qu'elle avait raison et pourquoi j'avais reconnu l'écriture. Je prévis de sérieuses complications. Elisabeth décacheta le pli et remarqua :
— Il ne dit pas où il est et quel jour il a écrit.

Je pensai qu'en agissant de la sorte, Tourniac avait obéi à la plus élémentaire prudence.
— Il y a bien le timbre de la poste ?
— Montauban.

— Lis, mon lapin.

Ma chère Elisabeth.

Quand tu recevras cette lettre, tu auras appris que je me suis évadé. Je ne l'ai pas fait parce que je suis coupable, mais parce que je ne peux pas supporter l'idée que les vrais criminels se pavanent dans Albi alors que je demeure en prison, à leur place. Elisabeth, depuis que je suis enfermé, je crois avoir compris pourquoi ta sœur m'a menti. Elle a agi pour le compte de quelqu'un d'autre et cet autre, ça ne peut être que Nalliers. Je suis sûr que c'est lui qui a réussi le hold-up, comme je suis certain que c'est Mado qui s'est emparée de mon pistolet en venant me voir. Et pourquoi, M. Chapaize a-t-il prétendu que je n'avais pas relevé les numéros des billets, puisque je les avais relevés ? Qui a donc pris ma liste dans le coffre ?

Ça m'est égal de mourir, ma petite Elisabeth, pourvu que je puisse me venger avant. Je tuerai Nalliers et Chapaize qui sont des misérables et qui ont fait beaucoup plus que de m'assassiner. Je sais que tu ne m'en voudras, pas, Elisabeth, et que toi, tu peux comprendre ce que je ressens. Je t'embrasse très fort et pour la dernière fois. Ton ami. Pierre Tourniac.

Je fus étonné que la voix d'Elisabeth ne se soit pas brisée en lisant les dernières lignes de ce billet. Adeline dit seulement :
— Si c'est pas malheureux d'entendre des choses pareilles...
La petite repliait soigneusement la lettre et la remettait dans son enveloppe. C'était le moment difficile pour moi.

— Ma chérie... J'ai dû m'engager à signaler au commissaire Lavollon la moindre relation que nous pourrions avoir avec Pierre... Tu comprends, ma toute petite, nous y sommes obligés pour ne pas tomber sous le coup de la loi... Imagine que ce pauvre garçon réussisse à mettre ses terribles menaces à exécution, nous pourrions être tenus pour complices avec les graves conséquences que cela comporterait.

— Qu'est-ce que tu veux, pépé ?

— Eh bien ! voilà, il faudrait que tu me donnes ta lettre pour que je la montre au commissaire.

A ma profonde surprise, Elisabeth me tendit ce que je me figurais être devenu, pour elle, une sorte de trésor.

— Tu sais, mon petit lapin, je ne suis pas certain de pouvoir te la rapporter. Il est même probable que Lavollon voudra la garder pour l'examiner de plus près et...

— Ne t'en fais pas, pépé. Une lettre n'est jamais qu'un bout de papier et ce que Pierre m'y raconte, je le savais depuis longtemps déjà.

Je craignais qu'Adeline ne m'adressât des remontrances quant à mon manque de cœur à l'égard de ma fille, en précisant que rien ne m'obligeait au geste que j'étais en train d'accomplir sinon une vague promesse à un policier qui comptait parmi ceux ayant admis la culpabilité de Tourniac et avaient, ainsi, prêté la main à ses ennemis. Mais elle n'en fit rien et me laissa partir sans un mot. J'étais troublé par tant de sagesse, un peu inquiet aussi.

*
**

Lorsque je lui remis la lettre de Pierre, le commissaire m'avoua :

— Pour être franc, je ne pensais pas que vous tiendriez votre promesse, docteur. Je vous prie de m'excuser de ce doute... et pour m'être trompé sur votre compte.

— Vous autres, de la police, vous n'en êtes pas à une erreur près, mais ce qui est nouveau, c'est que vous la reconnaissez.

Pour éviter de me répondre, Lavollon se plongea dans la lecture du billet de Tourniac.

— Vous ajoutez foi à ce qu'il écrit, docteur ?

— Evidemment, puisqu'il ne fait que renforcer les conclusions auxquelles j'ai moi-même abouti.

Mon hôte examina l'enveloppe.

— Montauban... Ça ne nous aide pas beaucoup, d'autant plus qu'il a dû filer depuis. Néanmoins, je vais téléphoner là-bas... Je pense que c'est ici qu'il faut qu'on ouvre l'œil. C'est bien votre avis, n'est-ce pas ?

Je me levai.

— N'exagérez quand même pas, monsieur le commissaire... Je ne suis pas encore devenu un de vos indicateurs.

Nous nous sommes séparés avec une chaleur rappelant celle qui règne au Groenland.

Cette nuit-là, je dormis mal. Je pense qu'un vague remords m'empêchait de trouver le repos dont j'avais besoin. Il est toujours difficile de faire son devoir et je n'étais pas très fier de ma démarche auprès de Lavollon. Au matin, ma mauvaise conscience m'avait brouillé le teint. On me demanda si j'étais malade. Je répondis que je me faisais du mauvais sang pour Pierre. Alors Elisabeth m'assura gentiment :

— Il ne faut pas, pépé, Pierre va très bien.
— Qu'en sais-tu ?
— C'est lui qui me l'a dit.
— C'est lui qui...
— Cette nuit, quand il est venu me voir.

CHAPITRE IV

Bien qu'entendant, elle aussi, ce que la petite vient de me dire, Adeline ne sourcille pas. L'énervement me fait élever la voix.

— Elisabeth, si c'est un jeu, il est ridicule et indigne de toi ! Si ce n'est pas un jeu, je te conseille de t'expliquer et vite, car je suis à bout de patience !

— Mais ce n'est pas un jeu, pépé... Pierre est venu passer un long moment dans ma chambre et on a bavardé tous les deux.

— Enfin, par où est-il entré ?

— Par la fenêtre pardi ! Il ne voulait pas te réveiller.

— Comme c'est aimable à lui ! et Adeline n'a rien entendu alors qu'elle couche dans la chambre à côté !

La gouvernante, directement mise en cause, me répond calmement :

— Je ne pense pas avoir dit que je n'avais rien entendu ?

— C'est trop fort ! il y a du bruit dans la chambre de ma fille, la nuit, et vous n'intervenez pas ?

— Où avez-vous pris que je ne suis pas intervenue ?

— Adeline ! oui ou non, allez-vous cesser de vous payer ma tête !

— Je ne me paie pas votre tête, docteur, simplement je me méfie de vous depuis que vous avez passé à l'ennemi, que vous vous êtes fait l'auxiliaire de la mauvaise justice !

— Je suis seul responsable de mes actes et n'ai de compte à rendre à personne ! Je constate simplement, et avec regret qu'après tant d'années de vie commune, j'avais tort de vous accorder ma confiance !

— Docteur, si Elisabeth n'était pas là, je partirais sur-le-champ. Vous affirmez que vous n'avez pas confiance en moi ? Mais moi, croyez-vous que j'aie confiance en vous ?

— Je vous défends de...

— Les sentiments, ça ne se commande pas ! Vous nous avez trahis, un point c'est tout et c'est pour ça que je ne suis pas allée vous réveiller cette nuit quand Pierre a appelé la petite de dehors ! Je ne tenais pas à ce que vous alertiez la police ! Il a assez de monde contre lui, le pauvre, sans que ses anciens amis s'ajoutent au nombre de ses bourreaux !

Sec, je rétorque !

— Gardez vos réflexions pour vous, Adeline, et racontez-moi seulement ce qu'il s'est passé !

— J'ai perçu, à travers mon sommeil, la ritournelle que sifflait Pierre autrefois. Je me suis rendue dans la chambre d'Elisabeth dont la fenêtre était ouverte. J'ai aidé notre ami à grimper. Rassurez-vous, personne n'a pu le voir.

— Croyez-moi, c'est préférable. Elisabeth, que te voulait-il ?

— Rien... Simplement, il désirait vivre un moment comme nous vivions avant... Il m'a parlé de son existence dans la prison et de ce qu'il y avait enduré... Il m'a répété ce qu'il écrivait dans sa lettre : il préfère mourir plutôt que d'être à nouveau enfermé et c'est la raison pour laquelle il s'est évadé. Seulement, j'ai peur qu'il ne veuille d'abord tuer les autres.

— Les autres ?

— Nalliers... son patron, le banquier... celui qui a prêté l'auto... Il n'y a que pour Mado qu'il n'est pas bien décidé.

— Mais c'est horrible !

Adeline demanda :

— Et ce qu'ils ont fait, ce n'est pas horrible, peut-être ?

— Nul n'a le droit de s'ériger en justicier !

— Et en bourreau ?

— Elisabeth, Pierre t'a-t-il confié s'il reviendrait ?

— Comment veux-tu qu'il le sache avec tous ces gens qui lui courent après ?

Je me doutais que je n'obtiendrais rien de plus. Elles étaient liguées contre moi parce qu'en dépit de tout, elles entendaient demeurer fidèles au fugitif. Après un moment d'hésitation, j'appelai Lavollon. Je ne voulais pas avoir la moindre responsabilité dans le bain de sang qui se préparait peut-être. Le commissaire me remercia et m'annonça son arrivée dans les minutes qui suivaient. Bientôt, il était là, seul.

— Docteur, je suis affolé ! Encore merci de m'avoir prévenu. Grâce à vous, nous réussirons peut-être à empêcher un effroyable règlement de compte. Puis-je voir votre Elisabeth ?

Je conduisis Lavollon près de la petite.

— Bonjour, mon enfant. Le docteur m'a mis au

courant de la visite que vous avez reçue cette nuit... J'espère que vous n'avez pas eu trop peur ?

— Pourquoi Pierre me ferait-il peur ?

— Mais... c'est un assassin !

— Ce sont les gens qui ne le connaissent pas, qui racontent ça !

— Soit... D'ailleurs, je ne suis pas ici pour discuter de la culpabilité de Tourniac avec une gamine exagérément sensible. Ce que je désire savoir avec précision, c'est s'il vous a nettement confié son intention de se venger de ceux qu'il tient pour responsables de ses malheurs ?

— Oui. Il m'a dit et répété qu'il se cacherait tant qu'il n'aurait pas abattu M. Nalliers, M. Chapaize et M. Bedous. Pour ma sœur, il n'est pas encore fixé. Peut-être qu'il l'aime toujours un petit peu ?

— Je l'ignore et ça m'est égal ! Ce qu'il me faut apprendre, c'est la manière dont il se propose d'agir pour mener à terme ses criminels desseins. Savez-vous quelque chose à ce sujet ?

— Non.

Lavollon abandonna Elisabeth pour m'expliquer :

— Je ne juge pas nécessaire d'ébruiter l'affaire et d'affoler les hypothétiques victimes. Je vais pousser les recherches et s'il n'a pas fui la ville, nous l'attraperons, je vous en donne ma parole !

En me quittant, le commissaire tendit sa main :

— Oublions des heurts sans importance maintenant que vous êtes revenu sur le chemin de la légalité et merci pour l'aide que vous nous apportez.

De retour dans la chambre d'Elisabeth, je félicitai celle-ci pour sa coopération avec la police. Elle ne me répondit pas. Adeline sussura :

— Je pense que la petite ne se sent pas tellement

de dispositions pour le métier que son pépé a embrassé depuis peu.

— Ce que vous pensez, Adeline, je m'en fiche ! Je veux tout bonnement que ma fille ne soit pas mêlée, à ces vilaines histoires !

— Pas une raison pour lui faire aider les flics contre un innocent.

— Un innocent ? Je n'en suis plus sûr !

— Si vous vous figurez m'étonner...

— Un innocent ne se sauve pas ! Il demande à ses amis de l'aider et il attend patiemment que les efforts de ces derniers aient porté leurs fruits. La vérité finit toujours par s'imposer.

— Surtout après votre mort.

Exaspéré et pour m'éviter de prononcer des paroles irréparables, je tournai le dos à la gouvernante et revins à la fillette.

— Elisabeth, celui ou celle qui se venge, se met au niveau de ceux dont il se plaint. As-tu réfléchi que Pierre est peut-être coupable ? Qu'il a pu agir dans un moment de folie, poursuivi par sa hantise de devenir vite riche pour ne pas perdre ta sœur qu'il aimait ?

— Si c'était lui qui avait commis ces crimes, pépé, pourquoi voudrait-il se venger ?

— Parce que depuis son arrestation, son esprit a dû se déranger. Essaie de comprendre : son crime est si contraire à sa vraie nature qu'il en refuse la responsabilité. Pour s'innocenter à ses propres yeux, il en rejette la faute sur d'autres,

— Mais pour quelles raisons sur M. Nalliers, M. Chapaize, M. Bedous et Mado ?

— Je pense qu'il a toujours été au courant de la liaison de ta sœur et de l'assureur, qu'il en a toujours voulu à Chapaize de ne pas améliorer sa situation et que pour son cerveau malade, le nom de Bedous est mêlé à son complexe de l'automobile, de cette automobile qu'il ne possédait pas pour emmener promener Mado tandis que Nalliers avait une voiture qui ne passait pas inaperçue. Ce que Pierre a subi au cours de sa carrière d'employé modeste, lui est remonté au cerveau du fond de son subconscient et à travers les personnes que tu connais, c'est de la vie qu'il désire se venger. Nous ne pouvons pas permettre qu'il assassine des gens qui sont sans doute innocents et Mado est ta sœur, chérie, dois-je te le rappeler ?

Dans son coin, Adeline jugea bon de remarquer :
— C'est à Mado qu'il faudrait d'abord le rappeler, docteur, si vous voulez mon avis.
— Je vous ai déjà dit, Adeline, que je me passe très bien de vos avis ! et si devez continuer à donner de mauvais conseils à Elisabeth, je me verrai dans l'obligation de vous interdire de rester à ses côtés !

La petite gémit :
— Oh ! pépé, tu ne ferais pas une chose pareille ?
— Si ! je le ferais !
— Alors, je mourrai...

Il apparaissait évident que mon discours n'avait eu aucun effet sur Elisabeth et qu'avec Adeline, elle avait partie liée. La jalousie se mêlait à la colère pour me mettre dans un état d'énervement préjudiciable à ma santé. J'étais sûr que si je prenais ma tension, j'atteindrais un chiffre record que je préférerais ne pas connaître.

Pour me calmer, j'eus recours à mon vieux, à mon meilleur remède : aller confier mes soucis à ma ville. Les rues paisibles, bordées de vieilles maisons témoins de temps quasi fabuleux pour nous, hommes du XXe siècle, ont sur moi un effet lénifiant. A leur contact, je m'apaise. Je comprends la vanité de nos emportements éphémères. Je n'ai pas besoin d'ouvrir un livre pour prendre une leçon de sagesse. Et puis, quand ça ne va pas du tout, je m'offre une petite station dans ma cathédrale Sainte-Cécile. Je m'y assieds sur une chaise pour regarder les voûtes enluminées et cet art italien me met toujours une chaleur au cœur. En contemplant le jubé, je pense à la patience sans orgueil de ces artistes disparus. Ce jour-là, après une demi-heure de méditation, je finis par me dire :

— Jérôme, tu n'es, au fond, qu'un imbécile. Qu'as-tu besoin, à soixante-douze ans, de te mettre martel en tête ? Tu sais que par moments, ton moteur a des ratés et qu'il peut cesser de fonctionner d'un instant à l'autre, alors pourquoi te soucier de ce que font les autres ? En adoptant la petite, tu as accompli la meilleure action de ta vie. Le rideau est tiré, Jérôme. Tu ne vis plus, tu survis. Là où tu es présentement, tu devrais te rappeler que la foi seule compte, bien plus que l'intelligence et tous les calculs des hommes. Adeline et Elisabeth sont d'esprit plus humble que toi, mais elles croient dans la bonté méprisée, dans l'innocence trahie et rien ne les fera démordre de ce qu'elles tiennent pour vérité. Si elles avaient raison, Jérôme ? Si, sans le savoir, tu prêtais la main à la persécution d'un de ceux que Dieu appelle ses brebis ? Souviens-toi de ce qu'est Mado, de ce qu'était Pierre. Auquel des deux dois-tu accorder ta confiance ? Le raisonnement des policiers : on ne se sauve pas quand on est innocent, est un raisonnement de citoyen libre de ses gestes comme de ses décisions. L'expérience de Gajoubert et celle de Lavollon ne pèsent pas lourd face à l'angoisse du malheureux qui paie pour un autre. Ces policiers ont trop de souvenirs, savent trop de choses, pour pouvoir encore découvrir la pureté, tandis que la petite et la gouvernante qui ignorent presque tout, ont des regards neufs, lumineux. Jérôme, ce sont elles qui voient juste, ce sont elles qui ont raison.

En mettant le pied sur le parvis, je quittai le monde paisible des rêves pour revenir dans celui des hommes où j'étais de nouveau résolu à me battre pour Pierre Tourniac. Du moment que j'eus pris cette décision, je sentis une sorte de paix m'envahir, une paix faite de certitude et de courage. Avec Elisabeth et Adeline, je savais que nous formerions la dernière troupe qui demeurerait fidèle à l'innocent traqué.

Je mis un certain temps à prendre conscience de l'espèce de trouble qui régnait dans ma ville. Sans doute, un étranger ou un habitant de trop fraîche date n'eût rien remarqué, mais pour moi, Albi est quelqu'un de vivant dont j'entends battre le cœur, et médecin, je l'ausculte à travers le bruit de ses rues et la rumeur continue montant des maisons. Même la nuit, je suis attentif à sa respiration. C'est en entrant dans la rue de l'Hôtel-de-Ville que j'éprouvai une impression si bizarre qu'elle me rendit plus attentif aux faits et gestes de mes concitoyens que je croisais. Force me fut bien de convenir qu'une sorte de fièvre semblait s'être emparée des Albigeois et des Albigeoises arrêtés sur les trottoirs et se perdant dans des discours ponctués de gestes véhéments. Un mot attrapé au passage me fit comprendre qu'il était question de la présence de Pierre Tourniac quelque part dans la ville et de ses sombres desseins. J'en éprouvai une joie sereine : le châtiment commençait !

Sur la place du Vigan, je pénétrai dans le beau café moderne qui est un des orgueils de la cité. Ayant décidé de transgresser mon régime et de profiter de ce qu'Adeline ne pouvait me voir, je résolus de m'offrir un porto. La salle était pleine et les conversations allaient grand train. Ce bruissement de mots m'incite toujours à songer à une rumeur de ruche au travail. Je pense que personne n'eût prêté attention à ma présence si l'un des consommateurs que je connaissais vaguement, n'avait eu l'idée de me saluer à haute voix :

— Bonjour, docteur Beauvoisin !

Depuis, j'ai toujours soupçonné cet homme d'avoir agi dans l'intention de mobiliser toutes les curiosités disponibles. Sinon pourquoi m'eût-il appelé par mon nom au lieu de me donner simplement mon titre ? Quoi qu'il en soit, cette salutation suspendit les débats particuliers par enchantement et c'est suivi par des douzaines de regards que je gagnai une petite table, dans un silence quasi général. C'était très gênant et je ne savais plus quelle contenance adopter. Heureusement, une charmante enfant vint prendre ma commande et la vie reprit dans le café. Néanmoins, je ne doutais pas que la majorité de la clientèle ne s'entretînt de ma personne. On m'observait, on m'épiait. Finalement, le premier se décida. Un de mes anciens malades. Il s'approcha de moi, me présenta ses devoirs et remarqua qu'on ne me voyait pas souvent au café. J'arguais de mon âge et de ma santé. Visiblement, il ne m'écoutait pas, tout entier préoccupé de la manière dont il lui fallait me poser la question qu'il brûlait de me poser. Enfin, il s'y résolut :

— Docteur, on raconte que Tourniac est en ville.
— Je sais.
— Il paraîtrait que vous l'auriez vu ?
— C'est inexact.
— On dit qu'il est venu pour se venger.
— Qui peut savoir ce qu'il y a dans le cœur de l'homme qui se croit injustement condamné ?
— Mais vous, docteur, vous pensez qu'il est innocent ?

— Monsieur, je ne le pense pas, j'en suis sûr.
— Ah ?
Me levant, j'achevai dans un sourire.
— Ce n'est naturellement qu'une opinion personnelle.

Je n'avais pas refermé la porte qu'on s'agglutinait déjà autour de mon intervieweur.

En abordant le Pont-Vieux, je rencontrai ma gouvernante qui s'apprêtait à passer à mes côtés en regardant fixement devant elle. Je la saisis par le bras quand elle fut à ma hauteur.
— Adeline...
Son visage semblait taillé dans le bois.
— Adeline... En trente ans, nous ne nous sommes jamais disputés, nous n'allons pas commencer maintenant ?
— En trente ans, Monsieur ne m'a jamais insultée !
— N'exagérez pas, Adeline, je ne vous ai pas insultée !
— Vous estimez sans doute qu'accuser quelqu'un de corrompre une enfant, ce n'est pas l'insulter ?
— Je n'ai jamais parlé de corruption !
— C'est tout comme !
— On fait la paix, Adeline ?
— Pas sans que Monsieur m'adresse des excuses.
— Bon, d'accord, vous les avez.
— Sincères ?
— Sincères !
Elle m'examine d'un œil soupçonneux.
— Je ne suis pas sûre que Monsieur dise la vérité... D'abord, il n'y a pas de raison pour que Monsieur se déjuge !
— Si, il y en a une et d'importance !
— Laquelle ?
— L'affection que je vous porte, tête de mule !

— Oh ! moi, les mots sucrés...

— Vous ne désirez quand même pas que je tombe à genoux pour vous supplier de me pardonner ?

— Non, mais je veux que vous disiez qu'Elisabeth et moi, on ne se quittera pas, que vous ne nous séparerez pas ?

— Deviendriez-vous stupide en vieillissant, Adeline ? Non seulement je n'ai pas envie de vous séparer, mais encore je trouve que vous avez été bien imprudente de la laisser seule en un pareil moment.

Ma gouvernante a un sourire en coin.

— Rassurez-vous, elle ne risque rien.

— Pourquoi ?

— Vous le verrez.

Et je vois, en effet. Dans la rue du Tendat, un agent se promène sous ma fenêtre. Lavollon n'a pas perdu de temps.

⁂

Adeline avait fait un flan au caramel, dessert préféré d'Elisabeth et un de ceux que je ne peux souffrir, mais depuis que la petite vit à la maison, la satisfaction de mes goûts est passée à l'arrière-plan des préoccupations de ma gouvernante.

Pendant qu'elles mangent, je dis sans avoir l'air d'y attacher beaucoup d'importance :

— J'ai eu l'impression, tout à l'heure, en ville, que chacun ou presque était au courant des événements de cette nuit. Comme ce n'est sûrement pas Lavollon qui a répandu la nouvelle, je me demande qui a pu en parler ? Vous n'auriez pas une idée là-dessus, Adeline ?

— Moi ?

Il y a tant de fausseté dans sa voix que je n'ai

pas besoin qu'elle me l'avoue pour savoir qu'elle ment.

— Vous ne l'auriez pas confié à quelques-unes de vos voisines amies ?

— Ça se peut.

— Elles ont dû se dépêcher de le répéter au plus grand nombre de personnes possible qui, elles-mêmes... Bref, la moitié de la ville doit en être informée maintenant et je doute que le commissaire prise fort cette initiative.

Je n'avais pas achevé ma phrase que des coups violents étaient frappés à la porte. Je remarquai :

— Tenez, ce serait lui que je n'en serais pas surpris.

Ce n'était pas Lavollon, mais Mado. Elle paraissait à moitié folle. Elle bégayait, incapable de reprendre son souffle :

— On m'a dit que... que Pierre était... était venu ici... cette... cette nuit ?

Il ne me déplaisait pas de la voir en cet état.

— En effet.

— Vous... vous lui avez parlé ?

— Pas moi, Elisabeth.

Pitoyable, Mado s'adressa à sa sœur.

— Il t'a parlé de... de moi ?

— Pas seulement de toi, mais aussi de Nalliers, de Chapaize et de Bedous.

— Pour... pourquoi ?

— Parce qu'il pense que vous avez tous été complices.

— Oh ! mon Dieu ! Ce n'est pas vrai ! Il faut lui expliquer que ce n'est pas vrai !

Une innocente se serait étonnée de voir son nom mêlé à ceux de deux respectables bourgeois de notre ville que nul ne soupçonnait encore. Mado mentait. Mado était au courant de l'organisation du hold-up.

A présent, j'étais certain tout autant de sa culpabilité que de l'innocence de Pierre.

— C'est à lui qu'il faudrait pouvoir le dire.
— Si je savais où le trouver...
Elisabeth affirma :
— Personne ne connaît sa cachette.
— Même pas toi ?
— Même pas moi. Tu comprends, Mado, Pierre n'a plus confiance en personne... Il faut te mettre à sa place... Tout le monde l'a trahi.
— Ce n'est pas de ma faute !

Elle pleurait et sous l'action des larmes, son maquillage se défaisait. Elle prenait un visage de cauchemar.

— Je t'en supplie, Elisabeth... Quelles sont ses intentions ?

Impitoyable, la réponse — bien que prononcée d'une voix compatissante — la frappa comme une balle.

— J'ai peur pour ceux qui lui ont fait du mal...
Elle hurla :
— Je ne veux pas ! je ne veux pas ! je ne veux pas !

Craignant la crise de nerfs, j'aidai Adeline à l'asseoir dans un fauteuil et tentai de la calmer, mais elle ne voulait plus entendre quoi que ce soit. Elle sanglotait, hoquetait, bavait.

— Il faut qu'on l'arrête ! qu'on l'empêche... C'est horrible !

Gentille, Elisabeth poursuivait :
— Il n'est pas tout à fait convaincu que tu aies été la complice des autres, Mado.

La sœur aînée se jeta aux genoux de sa cadette et prit ses mains dans les siennes.

— Je t'en supplie... Dis-lui qu'il se trompe... Que je ne suis pour rien dans toute cette histoire... que...

que je l'aurais sûrement épousé s'il n'avait pas été arrêté...

— Je ne pourrai jamais mentir à Pierre.

Mado se tourna vers moi.

— Docteur, par pitié ? protégez-moi...

— Jurez d'abord que vous êtes innocente de ce dont Pierre vous croit coupable ?

— Je vous le jure !

— Et les autres dont il parle ?

— Je ne sais pas !

Chère Mado qu'on devinait prête, le cas échéant, à trahir ses amis.

— Vous devriez prévenir Nalliers.

— Le malheur veut qu'il soit absent. Il a été appelé à la Direction, à Toulouse. Il ne doit rentrer que demain.

Quand elle s'en alla, le visage tuméfié par les larmes, l'air hagard, Adeline s'enquit :

— Toujours persuadé de la culpabilité de Pierre, docteur ?

•

Pareil à tous ceux qui ont été dupés, je ne rêvai plus que de faire payer cher leur tromperie aux trompeurs. J'entrai à fond dans le jeu d'Elisabeth et d'Adeline. Je brûlai du désir d'être pardonné de mon manque de clairvoyance. Je regrettai l'absence de Nalliers. J'eus eu plaisir à lui flanquer la trouille à celui-là. Mais il restait Bedous et Chapaize. Tel le commandeur venant chercher don Juan, sans réfléchir davantage, je me mis en route.

Bedous occupait un petit bureau, bien modeste, derrière son magasin et hideusement meublé dans le style administratif d'avant la Première Guerre mondiale. Il me reçut avec affabilité.

— Docteur, je ne m'attendais pas à votre visite, mais elle m'enchante.

— Voilà qui est très aimable.

— Tenez, prenez donc ce fauteuil, c'est le moins inconfortable des sièges dans cette pièce. Le décor est affreux, n'est-ce pas ? Je m'y suis fait... Mon père vivait et travaillait dans ce cadre, déjà. Et puis, j'ignore si vous êtes comme moi, mais la laideur est rassurante, elle inspire confiance. En entrant ici, mes fournisseurs savent, du premier coup d'œil que je ne gaspillerai pas leur argent. Quant aux employés, quand ils voient de quoi je me contente, ils hésitent à me réclamer une augmentation. Il faut beaucoup de psychologie pour diriger un commerce... Mais je ne pense pas que vous soyez venu pour m'écouter bavarder, docteur. Que me vaut l'honneur de votre visite ?

— La sympathie que je vous porte.

— Eh bien ! dites donc...

— Et l'inquiétude qu'elle m'inspire en de pareilles circonstances.

Sa gaieté disparut d'un coup.

— Quelles circonstances ?

— Vous n'êtes pas sans ignorer l'évasion de Tourniac ?

— Bien sûr... Mais il est peut-être mort au passage à niveau, sinon la police aura tôt fait de le rattraper.

— Il est à Albi.

— A Albi !

— On ne parle que de ça en ville.

— Je ne suis pas sorti de la matinée... Et puis, qu'est-ce que vous voulez que ça me fasse que ce malheureux soit revenu dans sa ville natale ? Il se fera cueillir encore plus facilement. Si j'avais l'occasion de le voir, je lui...

— Je crois que vous en aurez l'occasion, cher Bedous.

— Moi ? et pourquoi ?

— Je n'ose pas vous répondre, tellement c'est... c'est monstrueux, aberrant.

— Parlez donc !

— Tourniac est venu chez moi, cette nuit.

— Chez vous !

— A mon insu... Il est entré par la fenêtre dans la chambre de ma fillette infirme. Ils étaient, tous deux, liés d'une grande et profonde amitié avant les événements que vous savez.

— Oui, oui, et alors ?

Il commençait d'avoir peur.

— Il a expliqué à Elisabeth son intention de vous rencontrer.

— Par Dieu ! pour quoi faire !

— Pour vous tuer.

— Hein !

Il s'était levé et je voyais blanchir ses doigts tant ils serraient fort la règle dont il jouait un instant plus tôt.

— Je... je n'ose pas... penser qu'il... qu'il puisse s'agir d'une... d'une plaisanterie, de votre part, docteur ?

— Un pareil soupçon serait offensant !

— Mais enfin, il est fou ou quoi ?

— Il a raconté à la petite que vous étiez de mèche avec l'auteur du hold-up et que vous aviez touché une bonne part de l'argent volé.

— De la démence ! simplement de la démence !

— Il raconte aussi que vous avez averti ledit auteur du hold-up lorsque Tourniac ramena votre voiture au garage et qu'ainsi le criminel a pu s'en servir tout en le compromettant, lui, Tourniac.

— Voyons, vous, docteur, vous n'ajoutez pas foi à ces balivernes ?

— Certainement pas, mais j'ai tenu à vous prévenir. Je ne souhaite pas qu'il vous arrive malheur.

— Merci... Permettez-moi, cependant, de vous dire que c'est la police que vous auriez dû alerter !

— Je l'ai fait, cher ami, je l'ai fait. Je crains, toutefois que le commissaire Lavollon n'ait pas pris ces menaces très au sérieux et c'est la raison pour laquelle j'ai estimé que je devais vous en parler. Et maintenant que ma mission est terminée, je vais me retirer avec votre permission.

— Oui, c'est ça... Au revoir, docteur... Merci encore de vous être dérangé pour me rapporter des menaces sans fondement et totalement absurdes...

Impitoyable, je répliquai :

— Les menaces ne sont absurdes qu'autant que celui les proférant n'y croit pas.

En retrouvant l'air de la rue, je me dis que ce bon M. Bedous qui envoyait avec tant de désinvolture les gens au bagne à seule fin de satisfaire l'appétit de sa petite amie, passerait sans doute une fin de journée pénible et une nuit blanche. Pierre ne dormait sûrement pas, pourquoi les vrais coupables se reposeraient-ils ?

Il m'a suffi de constater la nervosité de Chapaize et de noter les fissures de sa voix pour comprendre qu'il était au courant. Pourquoi Bedous lui avait-il donc téléphoné ? Il n'avait aucune raison de le faire si le banquier n'était pas son complice. Plus j'allais et plus les preuves m'arrivaient, solides, indiscutables : la colère de Nalliers, la terreur de Mado, l'affolement de Bedous, la nervosité de Chapaize, enfin. Le banquier feignit une gaieté qu'il ne ressentait pas.

— Alors, docteur, venez-vous m'apprendre que Tourniac en veut aussi à ma vie ?

— Je constate que Bedous vous a déjà signalé ma visite ?

— A l'instant. Je reposais le téléphone lorsqu'on vous a annoncé.

— Pour quelles raisons ?

— Pardon ?

— Pour quelles raisons Bedous a-t-il cru nécessaire de vous mettre au courant d'une démarche qui, somme toute, ne vous regardait en rien ?

— Mais, docteur...

— A moins qu'il n'ait pensé que vous aussi, étiez visé ?

— Le suis-je ?

— Oui.

— Ah... Tourniac vous l'a dit ?

— Oui.

— Il a l'intention de m'assassiner ?

— Oui.

Il n'arrivait pas à allumer la cigarette qu'il venait de prendre tant sa main tremblait.

— Vous devriez absorber un calmant. C'est le médecin qui parle.

— Savez-vous pourquoi il me hait à ce point ?

— Oui, mais je dois vous assurer que je n'ajoute absolument pas foi à ses raisons. Pour moi, je me figure que Tourniac relève de la psychiatrie. Son séjour en prison paraît l'avoir détraqué.

Le banquier eut un pauvre sourire.

— Un fou homicide en liberté est aussi dangereux qu'un assassin ayant sa raison.

— Exact.

— Alors, que me reproche-t-il ce garçon que j'aimais et que j'ai défendu de mon mieux ?

— D'être un des auteurs du hold-up et de lui avoir fait porter le chapeau.

— Il est cinglé ! je me serais volé moi-même ?

— Pour toucher l'assurance.

— Personne ne croira à une chose pareille ! Dans quel but me serais-je conduit à la façon d'un vulgaire gangster !

— D'après Tourniac, pour éteindre les dettes que vous auriez contractées dans différents cercles de jeux toulousains.

L'attitude du banquier me rappela ces boxeurs qui, durement touchés par leur adversaire, titubent sur le ring sans bien se rendre compte où ils sont.

— Un... un mensonge imbécile...

— Il m'a juré qu'il avait relevé les numéros des billets volés et que vous vous étiez emparé de cette liste puisque seuls, lui et vous, possédiez une clef du coffre.

— Naturellement, docteur, il est inutile que je vous dise que cela ne peut relever que des élucubrations d'un cerveau malade.

— Naturellement.

— A votre avis, devrais-je avertir le commissaire Lavollon ?

— Je me suis chargé de cette tâche.

— Et il n'a pas bougé !

— Il semble, en effet, qu'il n'ait pris aucune initiative. Du moins à ma connaissance. Il n'est pas obligé de me prévenir de ce qu'il entreprend.

— Allons donc ! il aurait pu me mettre en garde ! A ma place, que feriez-vous ?

— Attention. Très attention.

— Ce qui signifie concrètement ?

— Ne pas ouvrir une porte sans savoir qui est derrière... Regarder dans la rue, qui vient au-devant de vous, qui s'approche dans votre dos... Rester chez soi sitôt la nuit tombée.

— Ce n'est pas facile.

— Mourir n'est pas facile non plus.

Cette remarque parut l'achever. Je suis sorti sans qu'il prît connaissance de mes mouvements.

⁂

Ce fut dans la soirée de ce même jour que la peur s'empara d'Albi.

Médecin, lorsque j'entrais, jadis, dans la chambre d'un malade, je sentais littéralement la présence de la mort. Des années et des années de pratique m'avaient, semble-t-il, doué d'un sens spécial qui me permettait de distinguer l'approche de la sombre visiteuse. Cela, je dois le confesser, m'était extrêmement pénible. Depuis ma retraite, je n'avais plus eu l'occasion de mettre à l'épreuve cette perception hors du commun et voilà qu'ouvrant ma fenêtre sur le crépuscule qui, estompant les formes, atténuant les couleurs, transformait le Tarn en un ruban de moire, la cathédrale et le palais de la Berbie en masses roses aux contours indécis, je retrouvais cette étrange odeur qui, si longtemps, m'avait obsédé. On eût dit que ma ville exhalait une haleine de fiévreux. Je savais que ce n'était pas la mort qui se glissait dans Albi, mais la peur, une peur à la mesure des gens d'aujourd'hui, entendez rapetissée par l'égoïsme de chacun. Rien à voir, j'imagine, avec les terreurs d'autrefois où la population, ne formant qu'une seule famille aux réactions communes, guettait dans le vent l'approche des Croisés de Simon de Montfort.

Sans doute, la peur était-elle née des bavardages angoissés de Mado, de Bedous, de Chapaize. Il est à croire qu'Albigeois et Albigeoises ne se souciaient guère, dans leur ensemble, du destin de ces trois individualités, mais la partie de la population qui avait connu Tourniac, qui s'était un moment intéressée à son sort, avait, elle aussi, mauvaise conscience. Toutes proportions gardées, elle me faisait penser aux gens qui, dans la foule, ayant assisté au jugement de Pilate et à la libération de Barrabas, rentraient chez eux, bourrelés d'un remords qu'ils n'osaient pas exprimer et pleins d'une honte dont ils ne se débarrasseraient plus jamais.

Beaucoup de ceux qui avaient eu l'occasion de fréquenter plus ou moins Pierre Tourniac et l'avaient estimé, devaient se demander, à cette heure, s'ils avaient bien rempli leur devoir d'homme libre, s'ils n'avaient pas fui lâchement devant les responsabilités que leur commandait leur conscience.

Ma ville était malade. Appuyé à la fenêtre de mon bureau, je l'écoutais se débattre contre elle-même. Je n'éprouvais pas la moindre pitié. Peut-être parce que j'avais — un temps — partagé sa faiblesse et sa veulerie. On a toujours tendance à se disculper aux frais des autres. Inconscience ou cynisme, je suis allé me coucher dans une parfaite quiétude de cœur.

*_**

Je dormais encore, lorsqu'Adeline entra dans ma chambre et me secoua, ce que je déteste, car cela me flanque la migraine. Aucun sommeil, pour si épais, si profond qu'il fût, ne pouvait résister à la poigne de ma gouvernante. Je me dressai péniblement sur mon séant.

— Hein ? quoi ? qu'est-ce qu'il y a ? Quelle heure est-il ?

— Neuf heures moins le quart.
— Vous n'êtes pas folle de me réveiller si tôt ?
— Ce n'est pas moi.
— Comment ça, ce n'est pas vous ?
— Le commissaire Lavollon.
— Le com... Il vous a dit ce qu'il voulait ?
— Non, mais il n'a pas l'air de bonne humeur.
— Tant mieux !
— Ah ?
— S'il était de bonne humeur, cela risquerait de signifier qu'il a mis la main sur Pierre.
— En tout cas, il faut vous lever et en vitesse. Il refuse d'attendre et m'a déclaré que si vous ne l'aviez pas rejoint d'ici cinq minutes dans votre bureau, il viendrait vous tirer du lit.

Je ne suis pas d'une humeur particulièrement docile et me veux très jaloux de ma liberté. Ce policier utilisait des méthodes qui ne me plaisaient pas. La colère acheva de me réveiller et, retrouvant une ardeur perdue, je sautai sur la descente de lit, oubliant que je ne portais qu'une veste de pyjama heureusement assez longue. Un peu confus, je m'excusai auprès de ma gouvernante qui me présentait ma robe de chambre. Avec un apitoiement qui me mortifia à l'extrême, elle répondit :

— Oh ! là ! là ! quelle importance entre nous ! je vous connais sur toutes les coutures et puis, pour ce que vous avez à montrer !

Tout cela explique pourquoi j'ai ouvert la porte de mon bureau avec la ferme intention de demander à Lavollon s'il n'avait pas perdu la tête au point de faire irruption chez moi aux aurores... ou presque, et s'il n'avait pas d'autres préoccupations que d'ennuyer les honnêtes gens. Mon visiteur me coupa l'herbe sous le pied en prenant d'entrée l'initiative des opérations.

— Ah ! vous voilà ! vous êtes fier de vous, docteur ? Eh bien ! si vous l'êtes, vous avez tort !

Cette agressivité, je dois le reconnaître, me désarçonnait. J'essayais de rétablir mes chances en le moquant.

— J'ignore ce que vous voulez, mon cher commissaire, mais je sais, moi, ce dont vous avez besoin : une consultation sérieuse. Il faut que je prenne votre tension au plus vite.

Inaccessible, il me répliqua sèchement :

— Ce n'est pas le moment de plaisanter, docteur !

— C'est toujours le moment, pour un homme correctement élevé de se montrer courtois envers un hôte obligé !

— Mais je suis poli, N... de D... !

— Question d'appréciation.

— Enfin quoi, docteur, avez-vous perdu la tête, oui ou non ?

— Si vous éclairiez vos propos ?

— Et comment je vais les éclairer ? Je vais même si bien les éclairer que cette lumière risque de vous déférer en Correctionnelle !

— Dites donc, pour quelqu'un qui estime qu'il est trop tôt pour plaisanter.

— Je ne plaisante pas !

Il était vraiment hors de lui. Il s'est approché de moi et m'a crié presque dans le nez.

— Est-ce que vous vous rendez compte que j'ai la responsabilité de l'ordre dans cette ville ?

— L'aurais-je troublé, par hasard ?

— Pas par hasard, justement, et c'est là votre crime !

— Vous ne croyez pas que vous exagérez ?

— J'exagère ? alors que je m'efforce de poursuivre les recherches concernant Tourniac en usant de la plus grande discrétion afin de ne pas remuer l'opinion, des commères venues se ravitailler à la bonne source, se répandent dans Albi en prophétisant un prochain massacre ! Non content de ce coup d'éclat, vous osez vous rendre chez Bedous, chez Chapaize et sous prétexte de les mettre en garde, vous leur flanquez la peur au ventre, au point qu'ils se barricadent et que personne ne peut plus les approcher. Leurs femmes deviennent dingues et m'assaillent de coups de téléphone pour essayer de comprendre ! Ce n'est pas tout ! Votre campagne d'intoxication a si parfaitement réussi que maintenant, chaque Albigeois, chaque Albigeoise s'est transformé en limier et croit découvrir l'évadé partout ! Mes hommes ne savent plus où donner de la tête ! Je n'ai plus personne au commissariat, mes agents étant occupés à courir à droite et à gauche pour constater les effets d'une hantise générale ! et je ne parle pas des plaisantins qui ont vu Tourniac se balader en soutane ou réglant la circulation sous l'uniforme d'un flic !

Epuisé par cette harangue débitée sans reprendre haleine, Lavollon se laisse tomber dans un fauteuil et sort son mouchoir pour s'éponger le front.

— Si ça continue, je serai dans l'obligation d'appeler le préfet à la rescousse et de mobiliser toutes les forces de police du département...

— Tourniac n'en sera que plus vite capturé, non ?
Il se lève d'un bond, sa vigueur retrouvée.

— Non, il ne sera pas repris ! et pourquoi ? parce qu'il n'est pas à Albi !

— Pourtant sa lettre...

— Un coup de bluff ! En exposant ses grotesques projets de vengeance, il a détourné notre attention et en a profité pour filer ailleurs ! Il est peut-être déjà en Espagne !

— Je vous trouve optimiste !

— Optimiste ! décidément, vous avez toujours le mot juste ! Je risque de me couvrir de ridicule non seulement aux yeux de la population, mais encore devant mes chefs qui pourraient bien me foutre à pied ou m'envoyer terminer ma carrière Dieu sait où !

— J'en serais navré.

— Menteur !

— Commissaire, vous vous oubliez !

— Parce que j'exprime la vérité ? car c'est la vérité ! en dépit des apparences, contrairement à la chose jugée, vous n'avez pas accepté la culpabilité de Tourniac et vous tentez de le venger d'une manière dégoûtante, si vous voulez mon avis ! En tous les cas, d'une façon indigne de la part d'un homme qui jouissait, jusqu'ici, de l'estime unanime, y compris de la mienne !

— Je ne vous ai jamais caché mes sentiments.

— Vous n'aviez pas le droit de les rendre publics !

— Il semble me rappeler pourtant que dans la Déclaration des Droits de l'Homme, il est dit que tout citoyen a le droit d'exprimer son opinion ?

Lavollon frise l'apoplexie quand Adeline pénètre dans la pièce et m'annonce :

— Le facteur vient d'apporter une lettre pour Elisabeth. Je la lui donne ?

— Qu'est-ce que c'est que cette lettre ?

— Je pense avoir reconnu l'écriture de Pierre Tourniac.

Le commissaire arrache l'enveloppe des mains de ma gouvernante qui remarque :

— On a des manières bizarres dans la police.

Elle sort sans faire le moindre éclat et referme doucement la porte, ce qui me surprend. Pendant ce temps, Lavollon qui n'a sûrement pas entendu la réflexion d'Adeline, achève de lire la lettre dont il s'est indûment emparé. Il relève la tête, me regarde comme s'il ne me voyait pas et me demande d'une voix atone :

— Est-ce que je vais être encore obligé de vous présenter des excuses ?

A mon tour, je lui enlève le billet sans qu'il m'oppose la moindre résistance et je lis.

Ma petite Elisabeth,

Ce mot est un adieu. Je pense que demain j'en aurai terminé avec la tâche que je me suis fixée... J'aurai tué Bedous, Chapaize et Nalliers... Je crois, après mûre réflexion que je ferai subir le même sort à Mado. Après ce qu'elle m'a fait, j'estime qu'elle n'a plus le droit de vivre. Elle et son « fiancé », je les frapperai les derniers pour qu'ils aient le temps d'avoir peur. Je ne leur survivrai pas, Elisabeth. Je t'ai déjà expliqué que je ne voulais pas retourner en prison. Si les flics ne m'abattent pas, je me jetterai dans le Tarn. Adieu, Elisabeth. Je ne te demande pas de ne pas m'oublier puisque je sais que tu ne m'oublieras pas. Ton ami.

Pierre Tourniac.

J'ai la gorge un peu serrée.

— Nous voilà définitivement fixés.

— Oui... Où peut-il bien se cacher, la canaille ? La lettre date d'hier et elle a été postée dans Albi !

Il me jette un drôle de coup d'œil et je comprends.

— Si vous vous figurez que je l'héberge, vous vous trompez. D'ailleurs, si le cœur vous en dit, vous pouvez fouiller la maison de la cave au grenier.

— Inutile... Vous avez beau jouer les don Quichotte, je suis persuadé que vous ne dépasseriez pas certaines limites. Je vais rameuter mon monde. Il faut absolument qu'on empêche Tourniac de mettre ses projets à exécution et j'alerterai les victimes désignées par ce fou criminel. En ce qui le concerne, je donne l'ordre de tirer à vue, sans sommation ! A plus tard, docteur, quand ce cauchemar sera terminé. Pardonnez-moi mon intrusion. Après tout, vos démarches d'hier ont prévenu les miennes et vous avez peut-être, en agissant comme vous l'avez fait, sauvé la vie de ces malheureux.

Ces malheureux !... Il en a de bonnes, Lavollon !

**

Tel le vieux coq de combat regagne sa cage en lissant son plumage ébouriffé après la bataille, je rejoignis Elisabeth et Adeline en sifflotant de plaisir. J'avais eu Lavollon une fois encore, et j'en éprouvais une vanité que je ne m'efforçais aucunement de dissimuler. J'oubliais que je devais ce succès inattendu à l'arrivée opportune de la lettre de Pierre.

Elisabeth aidait la gouvernante à préparer le dîner. Sans s'arrêter de tourner je ne sais quoi dans une sorte de fait-tout presqu'aussi vieux que moi, Adeline s'enquiert :

— Il est parti, l'enragé ?
— En m'adressant des excuses !
— Quand même !

Et elle remue avec plus de vigueur encore sa cuillère de bois. Je m'assieds à côté de la petite dont on a poussé le fauteuil jusqu'à la table sur laquelle elle épluche des pommes de terre que la cuisinière fera sauter avec un peu de graisse d'oie.

— Adeline ?
— Oui, docteur.

— Il y a quelque chose que je ne comprends pas.
— Quoi donc ?
— L'autre jour, lorsque j'ai résolu de porter la lettre de Pierre aux policiers, vous m'avez reproché d'user d'un bien qui appartenait à Elisabeth et ainsi d'outrepasser mes droits. Or, tantôt, vous m'avez apporté directement le billet adressé à ma fille en sachant que Lavollon voudrait le lire ?

La gouvernante daigne me faire face et sans quitter sa cuillère, les poings sur les hanches, elle explique :

— Je me rendais compte que vous perdiez pied dans votre discussion avec le commissaire et que vous risquiez de passer un mauvais quart d'heure, quand le facteur est arrivé. Cette lettre c'était un coup de chance qui devait fermer le bec à celui qui vous malmenait. J'ai demandé la permission à la petite qui a accepté.

— C'était imprudent, Adeline. Et si Pierre y avait indiqué l'endroit où il se cachait ?

— Impossible !

— Pourquoi ?

— Il ne sait pas encore que vous avez pris son parti, mais il n'ignore pas que vous liriez la lettre.

Je fixe la gouvernante d'un œil se voulant sévère.

— Maintenant, racontez-moi donc de quelle façon vous avez pu entendre ce que nous disions avec Lavollon ?

Elle hausse les épaules.

— En écoutant à la porte, pardi !

Sur ce, elle retourne à son chaudron et Elisabeth se met à rire.

— Pépé, Didine, elle est un peu ton ange gardien.

Je suis si heureux quand la petite rit que je m'en serais voulu de combattre son opinion quant au rôle protecteur d'Adeline à mon égard, d'autant plus que c'est vrai.

Je laisse couler un assez long moment avant de poser à la cantonade la question qui me turlupine depuis le départ de Lavollon.

— Qu'allons-nous décider, maintenant ?

Elisabeth répond :

— A quel propos ?

— A propos de Pierre.

— Que veux-tu qu'on fasse ?

— Si cela nous est possible, nous devons l'empêcher de commettre les meurtres qu'il projette.

La gouvernante entre dans la danse.

— Comment vous y prendrez-vous ?

— Je ne sais pas.

— Les dés sont jetés, à présent... Laissons-le suivre son destin.

— Non, Adeline... En ce moment, l'opinion est en faveur de Pierre... On s'inquiète de savoir s'il n'a pas été condamné à tort... S'il se livre à la police sans tuer personne, il pourra peut-être déclencher une campagne de presse, découvrir quelque chose qui permettra la réouverture de l'enquête. Le commissaire Gajoubert entrera volontiers dans le jeu si on lui en fournit l'occasion. Tandis que si Pierre devient un criminel, il fera horreur, il sera définitivement perdu.

— Nous n'y pouvons rien.

— Il faudrait réussir à le prévenir, le mettre en garde.

— De quelle façon ?

— Que diriez-vous d'une annonce dans le journal ?

— Je me figure que, pour l'heure, il ne pense guère à lire le journal.

— Ce n'est pas certain. Je vais essayer.

Elisabeth tente de me rassurer.

— Pépé, je suis sûre que Pierre ne tuera personne.
— Je souhaiterais avoir ta confiance.
— Si tu le connaissais bien, tu dirais comme moi.
— Pourtant, ma chérie, ce que tu as raconté à Mado...
— C'était pour l'effrayer et qu'elle fasse peur aux autres, pour les punir en somme.

Je ne pouvais l'en blâmer, ayant agi de même.

— Qu'est-ce qui te pousse à croire qu'il ne tiendra pas ses affreuses promesses ?

Elle a un beau sourire.

— Il en est incapable, le pauvre.

CHAPITRE V

Je suis de nature paisible et la violence, sous toutes ses formes, m'a sans cesse répugné. J'y vois la primauté du muscle sur l'esprit, en bref une sorte de renoncement volontaire à ce qui fait notre juste orgueil. Avoir flanqué une peur panique aux principaux protagonistes de ce drame, me paraissait — en ce qui me concernait — un châtiment suffisant. Je n'entendais pas que l'histoire se conclût dans le sang. Il m'appartiendrait, une fois Tourniac repris, de créer un comité pour sa défense, d'alerter l'opinion, de fournir à Gajoubert les éléments nécessaires afin qu'il puisse repartir sur de nouvelles pistes. Je ne désespérais pas que justice fut, un jour, rendue. C'est la raison pour laquelle j'aurais voulu ajouter foi aux certitudes d'Elisabeth, mais elle ne connaissait pas les hommes et ignorait ce qu'ils peuvent devenir sous l'emprise de la passion. Ce soir-là, je me suis couché plein de sombres pressentiments.

Au matin, j'attendis qu'il fût une heure décente pour téléphoner au commissaire Lavollon. Je craignais qu'il ne m'apprît un ou deux meurtres. Je respirai plus à l'aise lorsqu'il me répondit :

— Ne vous faites pas de bile, docteur, il ne s'est rien passé de grave. Je me suis déjà assuré que les prétendues victimes désignées étaient en excellente santé sinon aimables.

— Tant mieux !

Lui aussi devait être soulagé d'un certain poids, car il ironisa :

— Si je vous comprends bien, docteur, l'innocence de Tourniac vous paraît moins démontrée qu'au cours de ces dernières heures ?

— Au contraire, cher ami, j'y crois de plus en plus fermement, mais je désire qu'elle s'établisse autrement que par le crime.

— Permettez-moi de vous confier que je n'aurais jamais supposé qu'à votre âge, vous soyez resté si jeune... Je vous en félicite. Seulement, moi, le métier que j'exerce m'a empêché de garder les illusions de mon enfance et je ne puis ignorer qu'il n'existe pas d'être plus retors, plus méchant, plus vicieux que l'homme. En vertu de quoi, docteur, après avoir constaté le calme de la nuit écoulée et réfléchi une fois de plus à la question, je demeure persuadé que ce faux naïf de Pierre Tourniac nous mène pour l'instant par le bout du nez. Peut-être est-il venu à Albi, peut-être a-t-il vu votre fille, mais tout cela, comme ses lettres, je vous répète que c'est un leurre. Il est possible qu'il ait eu envie de revoir votre Elisabeth et l'affection qu'il lui porte est-elle la dernière lumière pure dans ce criminel. Il est également possible que la vraie raison de sa présence à Albi soit son désir de récupérer l'argent volé et caché en un endroit connu de lui seul. Quoi qu'il en soit, par ses menaces, il a occupé notre attention, mobilisé nos gens et a pu se permettre de se sauver sans être obligé à trop de précautions. Couillonnés, mon bon, voilà ce que nous avons été, si vous me permettez l'expression ! Mais il faut faire contre mauvaise fortune bon cœur, et laissant à d'autres le soin de rattraper Pierre Tourniac, je vous invite à dîner ce soir à l'*Hostellerie du Grand Saint-Antoine*, chez notre ami Jacques Rieux. D'accord ?

— Pourquoi pas ?
— A ce soir donc, docteur, vers 20 heures.
— A ce soir, Commissaire.

Euphorique, je me montrai d'une humeur enjouée tout au long de la journée. Je fis d'innombrables parties de cartes avec Elisabeth, racontai des histoires à Adeline que je réussis à faire rire. Nous avons ainsi passé des heures agréables et dans une harmonie sans faille. Mon annonce de sortie nocturne ne suscita pas trop de réprobation chez ma gouvernante qui me rappela vivement la liste des plats et boissons auxquels je n'avais pas droit. Je confesse qu'elle le fit plus par devoir que par conviction, sachant que je ne tiendrais aucun compte de ses recommandations.

M'étant retiré un moment dans mon bureau afin de me reposer, je m'accoudai à ma fenêtre et, insidieusement, l'inquiétude recommença à se glisser en moi. Et si Lavollon se trompait ? Si Pierre demeurait à l'affût dans un coin de la vieille ville, attendant l'heure où il porterait les coups promis ? Si, plus simplement, terrorisé par la chasse déclenchée pour le retrouver, il se terrait, à la façon d'une bête blessée qui tressaille en entendant les aboiements de la meute lancée à sa poursuite ? Cette idée m'était insupportable et ne pouvant tenir en place, je suis sorti.

Je crois avoir sillonné la vieille ville dans tous les sens, non pas que j'espérais rencontrer Pierre, mais dans l'espoir que lui me verrait et qu'il viendrait à moi et solliciterait mon aide. Je ne rencontrai personne et ne fus arrêté par personne. Fatigué et le hasard de ma quête inutile m'ayant ramené près de la cathédrale, j'entrai dans ce qui demeurait mon ultime refuge dans mes instants de dépression et je m'y enfonçai dans une espèce de torpeur agréable et reposante. Mon regard perdu dans les reflets colorés des tableaux, je m'égarai dans un monde silencieux où tout était calme, paisible, immuable. Presque inconsciemment, je remarquai que le profil de la sainte la plus proche de moi ressemblait à celui d'Elisabeth. Par le biais de cette évocation, je revins à mes préoccupations. Sans doute avais-je peur pour Pierre, mais je redoutais plus encore l'effet que produirait l'annonce de ses crimes, de son arrestation, voire de sa mort, sur ma petite fille si sensible. Elle s'était attachée à Tourniac parce qu'en dépit de son âge, il était demeuré un enfant dont il avait gardé la candeur. Elle ne voyait en lui que le camarade inespéré que le sort lui offrait. D'où sa haine pour Mado dont les caprices d'abord, la malhonnêteté ensuite la privaient de ce qui était une de ses raisons de vivre. Sans doute Elisabeth m'aimait-elle, sans doute chérissait-elle Adeline, mais la gouvernante et moi appartenions à cet univers des grandes personnes qui a tant de mal à établir des ponts avec celui de l'enfance. Pierre demeurait sur l'un de ces ponts, beaucoup plus près des enfants que des hommes. J'imaginais qu'Elisabeth supportait son infirmité parce qu'elle se voyait au foyer de sa sœur, près de Pierre. Du jour où Mado avait déclaré qu'elle ne prendrait pas sa cadette avec elle, la petite avait perdu l'essentiel de sa raison de vivre. Adeline et moi, nous aurons beaucoup de mal à la défendre contre elle-même. Je marmonnai une prière pour que Dieu ait en pitié ma fille qui avait déjà tant souffert.

Rue de Verdusse, je sentis le besoin d'avaler un remontant tant j'étais déprimé. Je pénétrai dans le premier bistrot rencontré et commandai un vermouth. Accoudé au bar, je sirotais ma consommation lorsqu'un homme d'une cinquantaine d'années vint se mettre à côté de moi. Un type sympathique dont l'aspect physique disait assez qu'il n'était pas opposé aux plaisirs de la table. Ses petits yeux rigolards enfouis sous des papupières un peu lourdes, l'affirmaient bon compagnon. Sans que j'aie prévu son geste, il me toucha légèrement le coude :

— Pardon, monsieur... Vous êtes bien le docteur Beauvoisin ?

— En effet.

— Moi, mon nom n'a pas d'importance, je suis le chauffeur de M. Chapaize.

— Ah ?...

— Je vous ai vu, l'autre jour, entrer chez mon patron.

— Et alors ?

— Est-ce que je peux vous demander si vous alliez le voir en qualité de médecin ?

Je ne voyais pas où il voulait en venir.

— Pensez-vous vraiment que cela vous regarde, mon vieux ?

— Je suis inquiet, docteur.

Il semblait inquiet, c'était vrai.

— Bon, je puis vous rassurer : ma visite était personnelle.

— Dommage !

— Pourquoi ?

— Parce que mon patron, il a quelque chose qui ne tourne plus rond.

— Oh ! oh !

— C'est peut-être pas chic de ma part, docteur, de vous parler comme ça de M. Chapaize, mais je lui suis très attaché et ça me fait mal de le voir dans cet état, alors quand vous êtes rentré, j'ai dit : tiens, voilà le seul qui puisse arriver à savoir ce qu'il a, le patron.

— Pour quelles raisons, estimez-vous que je sois spécialement qualifié ?

— Parce que chacun vous connaît à Albi. On vous respecte beaucoup, docteur et puis, vous êtes vieux, alors on ose tout vous raconter.

Mon vermouth me parut un peu plus amer.

— Bon, allez-y...

— Eh bien ! voilà... Il se passe des choses que je comprends pas... A peu près depuis le moment où vous êtes venu causer avec lui, le patron a décidé qu'il recevrait plus personne et il a dit à Marcel, le portier, de répondre à tous ceux qui le demandaient, qu'il était absent. Il s'est enfermé dans son bureau et on n'a plus rien entendu. C'est bête, mais à un moment, Marcel et moi on a cru qu'il avait des mauvaises intentions contre lui-même, qu'il voulait... enfin, bref, vous devinez ce que je veux dire, hein ?

— Oui... oui... continuez.

— Nous deux, Marcel, on se faisait de la bile, je vous prie de le croire. Faut vous expliquer que nous sommes des anciens de la maison et qu'alors, forcément, on est autant attaché à la boîte qu'au patron. Avec Marcel, on a discuté pour savoir si on devait ou non prévenir Mme Chapaize. Seulement, comme a remarqué Marcel, Mme Marguerite, elle a guère la parole dans le ménage et si son mari avait jugé bon de lui parler de ses soucis, il l'aurait fait sans avoir besoin de notre permission, pas vrai ?

— Assurément.

— Cette situation, elle a duré tout l'après-midi d'hier et tout aujourd'hui. C'en est même arrivé à un point qu'on s'interroge avec Marcel sur la question de savoir si le patron, il serait pas en train de perdre la boule !

— A ce point-là ?

— Pensez un peu, docteur, que chaque fois qu'un des employés de la banque avait besoin de le voir, il devait d'abord téléphoner et M. Chapaize y disait qu'il devait frapper à sa porte d'une certaine manière et ça changeait sans arrêt. Le fondé de pouvoir, je l'ai vu redescendre du bureau. Il était si pâle que je me suis permis de lui demander :

— Quelque chose qui ne va pas, monsieur Massieu ? Ah ! mon pauvre Rotalier — qu'il me fait — il m'a ouvert, un pistolet au poing ! Il se figure au Far-West, ma parole ! Maintenant, il peut m'appeler tant qu'il voudra, je reste dans mon coin !

— Avez-vous une idée de ce dont M. Chapaize a peur ?

— Peut-être à cause de Tourniac... On raconte qu'il se cache en ville.

— Pour quelles raisons votre patron en aurait-il peur ?

— J'ai mon idée, là-dessus... Tourniac, il doit vouloir se venger de ceux qui l'ont pas aidé et qui le pouvaient. Alors, le patron l'attend... C'est pour ça qu'il a sorti son pistolet.

— Vous n'exagérez pas un peu ?

Le chauffeur protesta avec véhémence.

— J'exagère ? Vous en avez de bonnes, docteur, sauf votre respect ! Tenez, pas plus tard qu'il y a deux heures, il m'a envoyé chercher par Marcel et

quand j'ai été dans son bureau, il m'a demandé :
« Tu es armé, Paul ? » — « Non, j'y réponds » —
« Alors, prends ça, tu le laisseras dans la boîte à
gants de la voiture » — et il me tend un pistolet.
Ça m'a donné froid dans le dos ! puis, il me dit :
« Si tu vois un homme qui court vers nous, attends
pas qu'il ait fait feu, tire le premier ! » Ça, docteur,
c'est des choses qu'on raconte quand on est énervé,
mais je me voyais pas faire la chasse dans les rues
d'Albi. Seulement, je voulais pas le contrarier et
j'y ai promis qu'avec moi, il avait rien à craindre.

— Vous ne lui avez pas demandé à quoi rimaient ces précautions ?

— Bien sûr que si !

— Qu'est-ce qu'il vous a répondu ?

— Que ça me regardait pas ! Et presque tout de suite, il a décidé : on rentre à la maison. Mais avant, il a appelé Marcel pour qu'il inspecte les abords de la banque au cas où il y aurait eu quelqu'un d'embusqué et prêt à nous sauter dessus... Des enfantillages, quoi ! On a gagné la villa en prenant des rues où on passe jamais d'habitude et quand on est arrivé à destination, le patron m'a obligé à l'accompagner jusqu'à la porte d'entrée, le pistolet à la main ! Mais ce qui m'a le plus épaté, c'est de constater qu'il y avait des flics qui semblaient monter la garde... Qu'en pensez-vous, docteur ?

— Pas grand-chose... Chapaize doit faire une sorte de dépression... Je téléphonerai à sa femme pour qu'elle essaie de convaincre son mari de consulter un de mes confrères.

Je ne peux pas dire que j'étais particulièrement content de moi en gagnant l'*Hostellerie du Grand*

Saint-Antoine où Lavollon devait m'attendre. Je me demandais si je n'avais pas dépassé les bornes en effrayant Chapaize à ce point-là... Pourtant cette angoisse montrait à l'esprit le moins prévenu que le banquier n'avait pas la conscience bien tranquille, car il était assurément un homme dont le métier même voulait qu'il ne fut pas un pusillanime. J'aurais été curieux de connaître le comportement de Bedous en ce moment. Se terrait-il, lui aussi ? Je pensai aux épouses de ces deux hommes qui ne devaient pas comprendre grand chose aux faits et gestes de leur mari respectif.

Je fus reçu à l'Hostellerie par le propriétaire, Jacques Rieux, un homme jeune et mince, plein d'audace, ayant donné à Albi la maison de qualité qui, jusqu'alors, lui manquait. Il me conduisit à la table — accolée à la grande verrière ouvrant sur un petit jardin où des projecteurs au sol faisaient naître une végétation de rêve — où le commissaire consultait le menu.

— Savez-vous, docteur, que je commence à respirer ?

— Moi aussi, pour ne rien vous cacher.

— Que ce Tourniac aille se faire prendre ailleurs, c'est tout ce que je souhaite ! Que choisissez-vous ?

— Une bonne soupe aux haricots, mon cher.

— Une soupe !

— Il me semblerait que je n'aurais pas dîné si je n'avais avalé mon assiette de soupe !

Nous nous sommes donc décidés pour la soupe, un confit, arrosé d'un honnête vin de Cahors, et des crêpes flambées.

Vers vingt-deux heures, nous finissions de déguster nos crêpes en buvant un Gaillac perlé lorsque nous vîmes un agent entrer dans la salle et se diriger vers notre table. Lavollon changea de couleur.

— Qu'est-ce qu'il y a, Briouze ?

L'agent paraissait terriblement ému. Il ne parvenait pas à articuler et il dut s'y reprendre à plusieurs fois pour dire :

— C'est M. Bedous...

— Ça va... une minute.

Le commissaire se leva, me fit signe de le suivre et avec l'agent, nous avons gagné le salon.

— Alors, Briouze ?

— Il y a quelques minutes, à peine une dizaine, M. Bedous s'est présenté au commissariat.

— Que voulait-il ?

— Vous voir.

— Pourquoi ?

— Il a prétendu que vous l'aviez convoqué par téléphone et il a paru très déçu que vous ne soyez pas là... Je lui ai proposé de rester. Il n'a pas voulu. Il m'a déclaré qu'il rentrait chez lui et que si vous désiriez lui parler, il attendrait votre appel jusqu'à minuit.

— Je ne l'ai jamais appelé. Ensuite ?

— Il avait à peine franchi le commissariat, que nous avons entendu des coups de feu. On s'est précipité et on a vu M. Bedous par terre tandis qu'une voiture disparaissait à toute vitesse sur les Lices de Rhônel.

— Quelle sorte de voiture ?

Piteux, l'agent avoua :

— Je ne sais pas. On s'occupait surtout de M. Bedous.

— Dans quel état est-il ?

— Il est mort, monsieur le commissaire. Plusieurs balles dans la poitrine. Mais heureusement, le crime a eu un témoin.

— Où est-il ?

— Au commissariat, il vous y attend.

— Vous ne pouviez pas le dire plus tôt ! Filez devant, je vous suis, et prenez l'identité de ce témoin.

L'agent parti, Lavollon se tourna vers moi.

— Nous nous sommes réjouis trop vite, docteur. Tourniac a commencé à tuer. Maintenant, il ne me reste plus qu'à alerter le préfet et à déclencher la chasse à l'homme avec l'aide de la gendarmerie.

J'étais effondré. Ce que je redoutais venait de se produire. Pierre était définitivement perdu. Je regrettais amèrement le méchant tour que j'avais joué à ce malheureux Bedous. Tandis que nous remontions vers son bureau d'un pas rapide, Lavollon soliloquait :

— C'est, sans doute, lui qui a téléphoné à Bedous pour le convoquer au commissariat où il le guettait à bord d'une voiture volée.

Le témoin avait déclaré s'appeler Roger Sayat, être âgé de trente-six ans et exercer le métier de carreleur. Il habitait rue Croix-de-la-Paix.

La dépouille de Bedous emmenée à la morgue, le commissaire s'adressa au témoin.

— Racontez-nous ce que vous avez vu.

— Voilà : je rentrais de chez des amis qui logent rue Jules-Rolland et juste comme j'étais à une trentaine de mètres du commissariat, un homme est sorti, marchant d'un pas rapide en direction des Lices. A ce moment, on l'a appelé d'une DS. Il s'est arrêté pile, s'est retourné et a dit au type que je ne voyais pas encore.

— Vous !

Le gars que je ne voyais toujours pas lui a crié :

— Venez !

L'homme qui allait à pied s'est approché de la portière et à ce moment l'autre lui a collé plusieurs balles dans le buffet. Ça se passait à moins de cinq mètres de moi et j'ai eu la trouille que le salaud m'élimine à mon tour. Alors, je me suis flanqué à plat ventre dans le caniveau ce qui n'a pas arrangé mon costume neuf.

— Vous avez pu relever le numéro de la voiture ?

— Je l'ai donné à l'agent qui m'a réclamé mes papiers.

Lavollon se tourna vers moi.

— Je ne comprends pas que Bedous, reconnaissant Tourniac, se soit dirigé vers lui ! Une pareille attitude ne correspond à rien et surtout ne cadre pas avec la peur dont il témoignait !

C'est alors que Roger Sayat déclara :

— Excusez-moi, monsieur le commissaire, mais ce n'était pas Tourniac — que j'ai bien connu avant son arrestation, je suis allé travailler chez lui — qui se trouvait au volant de la DS.

J'eus l'impression de respirer un ballon d'oxygène. Déconcerté, Lavollon s'enquit d'un ton dénué de toute amabilité :

— Et qui donc était-ce ?

— M. Chapaize.

— Quoi ?

— M. Octave Chapaize, le banquier.

— Vous êtes fou !

— Ah ! pardon, monsieur le commissaire ! moi, je vous dis ce que j'ai vu ! si on doit m'engueuler, je rentre chez moi et je ferme ma...

— Attention, monsieur Sayat ! ce que vous venez de dire est grave, très grave et s'il y a le moindre doute dans votre esprit...

— Il n'y a pas le moindre doute, monsieur le commissaire. Ça s'est passé à quelques pas de moi.

— Encore une fois, monsieur Sayat, je suis obligé de vous rappeler que le faux témoignage peut mener très loin celui qui s'en rend coupable.

— Je me demande pourquoi j'irais faire un faux témoignage, histoire d'enfoncer un type que je connais juste comme tout le monde le connaît à Albi !

— Alors, vous prétendez que vous avez vu M. Chapaize abattre à coups de revolver M. Bedous ?

— Je ne le prétends pas, je l'affirme, monsieur le commissaire.

Lavollon semblait anéanti.

— Ça va... Briouze, faites rédiger sa déposition au témoin et qu'il la signe en présence de votre collègue et de vous-même. Je vous remercie, monsieur Sayat, vous nous avez rendu un grand service.

— Mais qui n'a pas l'air de vous faire plaisir, hein ?

— Non, monsieur Sayat, il ne me fait pas plaisir personnellement, mais la Justice n'a pas à tenir compte de nos sentiments particuliers.

A peine Sayat avait-il quitté la pièce en compagnie de Briouze, qu'un autre agent se présentait pour annoncer qu'on avait découvert facilement le propriétaire de la DS d'où le meurtrier avait fait feu sur Bedous.

— Et c'est ?

— M. Chapaize, monsieur le commissaire.

— Merci. Vous pouvez disposer.

Quand nous fûmes seuls, Lavollon gémit :

— Si je m'attendais à celle-là ! A votre avis, docteur, cela signifie quoi ?

— Ce dont vous êtes persuadé depuis un instant, mon cher ami, et que vous n'osez pas encore vous avouer : Tourniac est innocent !

Le policier soupira :

— J'en ai peur...

— Peur ?

— Une erreur judiciaire est toujours difficile à

réparer. Je suis heureux que ce ne soit pas moi, en définitive qui aie arrêté Tourniac.

Il se dressa avec peine.

— Chapaize... Je ne parviens pas à le croire... mais pourquoi a-t-il tué Bedous ?

— Sans doute, parce que Tourniac disait vrai lorsqu'il accusait Bedous, Nalliers et Chapaize... Ma petite-fille avait deviné la vérité.

— Pas flatteur pour ma perspicacité, hein ?

— Elisabeth aimait Pierre et ne connaissait pratiquement pas les autres, sauf Nalliers qu'elle détestait... Vous, vous ne connaissiez guère Tourniac et vous aviez de l'estime pour Chapaize, Bedous, peut-être Nalliers... Elle et vous, avez suivi la pente de vos inclinations naturelles.

— Je ne parviens pas à deviner la raison pour laquelle Chapaize a convoqué Bedous devant le commissariat dans le but de l'abattre. C'est insensé !

— Le mieux serait d'aller le lui demander, ne croyez-vous pas ?

— Bien sûr...

Je le vis empocher une paire de menottes et glisser sous sa veste un pistolet.

Il semblait si malheureux que je ne pus me tenir de lui dire :

— Chapaize était-il donc de vos amis intimes ?

— Non, mais sa femme Madeleine est née comme moi à Poitiers... Elle était une compagne très chère de la plus jeune de mes sœurs. Elle venait souvent chez nous... Quand je suis arrivé à Albi, j'ai eu beaucoup de joie à la retrouver... Une créature très douce, très tendre... un peu en dehors de la réalité. Curieux pour l'épouse d'un banquier... Elle ne méritait pas le sort qui l'attend.

Avant de nous faire ouvrir par le planton la grille de la villa où vivaient les Chapaize, Lavollon interpella son agent qui lui rendit compte de sa surveillance. Chapaize était sorti au volant de sa DS vers vingt-deux heures et était rentré vingt minutes plus tard.

— Bon Dieu ! — me confia Lavollon, en sonnant à la porte des Chapaize — je donnerais n'importe quoi pour être ailleurs.

Mme Chapaize nous ouvrit. Je ne l'avais jamais vue que chapeautée. J'eus l'impression de découvrir une autre femme, dans sa robe d'intérieur. Ni jolie, ni laide, tout son charme venait de la douceur de son regard. Elle ne paraissait pas se soucier beaucoup de sa toilette. Pour l'heure, son visage ravagé, en la vieillissant de dix ans, la rendait pitoyable. Elle eut une ébauche de sourire en apercevant Lavollon.

— Je vous attendais, Henri...

— Votre peine est la mienne, Madeleine... Naturellement, vous connaissez le docteur Beauvoisin.

— Bien sûr... Entrez, Messieurs.

Quand nous fûmes dans le living-room, le commissaire s'enquit :

— Où est votre mari ?

— Dans son bureau, il s'y est enfermé dès son retour.

— Madeleine, vous savez pourquoi je suis ici ?

— Je pense que c'est à cause de M. Bedous ?

— Entre autres... Madeleine, racontez-nous ce qu'il s'est passé. Là où nous en sommes, vous ne pouvez plus porter préjudice à votre mari que je suis dans l'obligation d'emmener sous l'accusation de meutre prémédité.

Des larmes se mirent à rouler sur les joues pâles de Mme Chapaize. Nous la laissâmes pleurer, puis

Lavollon prit une de ses mains dans les siennes et murmura :

— Me croyez-vous, Madeleine, si je vous dis que tout cela m'est aussi pénible qu'à vous ?

— J'en suis persuadée, Henri.

— Le moment est venu pour Chapaize de rendre des comptes à la Justice. Je suis là pour l'en avertir. Parlez, Madeleine.

— Depuis hier, Octave n'était plus le même... Certes, je l'avais vu quelques fois soucieux, préoccupé, mais rien de comparable à son attitude de ces deux jours. Il paraissait inquiet, angoissé, terrorisé presque... Chaque bruit insolite le faisait sursauter et j'avais toutes les peines du monde à le calmer. Sitôt qu'on sonnait à la porte, il empoignait son pistolet et se cachait.

— Je suppose que vous avez dû réclamer des explications ?

— Il m'a envoyée promener.

— Madeleine, vous saviez que votre mari était un joueur ?

— Oui.

— Ses affaires ?

— Il ne m'en parlait jamais.

— Et ce soir ?

— Il est rentré avec son chauffeur, a barricadé la porte, mangé du bout des lèvres puis, il s'est assis dans ce fauteuil sans dire un mot, presque hébété. Soudain, le téléphone a sonné... Alors que j'allais décrocher l'appareil, il s'est levé d'un bond, en criant : ne réponds pas ! ne réponds pas ! ne réponds pas ! Une véritable crise de démence... Mais la sonnerie insistait... Alors, il s'est résigné et d'un geste m'a permis de prendre la communication. On voulait parler à mon mari. J'ai prié mon correspondant de donner son nom, on m'a répondu que c'était inutile et que M. Chapaize le connaissait bien. Quand j'ai répété cela à Octave, il a accepté de répondre... Tout de suite, il a murmuré : « Ah... c'est vous... hein ? quoi ? ah ! le salaud ! à 10 heures moins le quart... Entendu... Je me méfiais de lui... Merci de m'avoir prévenu. Oui, moi aussi, j'ai l'impression que c'est la fin... Je ne peux plus rien, excusez-moi... et adieu. »

— Qui lui téléphonait, un homme, une femme ?

— Je n'ai pas pu le savoir. Lorsque je le lui ai demandé, il m'a répondu que cela n'avait plus aucune importance et, brusquement, il m'a déclaré qu'il sortait... Une course urgente, paraît-il. Il n'a pas voulu m'en confier davantage. Au moment de s'en aller, il m'a embrassée comme il ne m'avait pas embrassée depuis des années et il a murmuré : « Il te faudra beaucoup d'indulgence pour me pardonner, Madeleine. »

— Ensuite ?

— Il est rentré il y a quelques instants et m'a annoncé : « J'ai réglé son compte à ce salaud... » Ce n'était pas dans ses habitudes de s'exprimer de cette manière. Je n'ai pu m'empêcher de le lui faire remarquer et il m'a répondu : « On ne saurait exiger d'un meurtrier qu'il s'exprime à la façon d'un gentilhomme. » Ne comprenant toujours pas, j'insistai. Il m'a alors avoué : « Je viens d'abattre Bedous de trois balles... Je l'ai tué raide. » Sur l'instant, je ne l'ai pas cru. « Si, Madeleine, c'est vrai... J'y étais obligé... Un homme de ma taille ne permet pas qu'un Bedous le trahisse sans le châtier. C'est chose faite. » J'étais tellement écrasée par cet aveu que je ne parvenais pas à réagir, à m'indigner, ni à pleurer. Tout au plus ai-je pu murmurer : et maintenant ? Il m'a regardée avec tendresse et m'a dit : « Tu vas attendre sagement la police. Ce sera sans aucun doute ton ami Lavollon qui viendra... Tu lui raconteras ce qu'il s'est passé ce soir. » Je m'inquiétais de connaître les raisons qui l'empêcheraient de vous parler lui-même. « Parce que je ne serai plus là, ma chérie. » — Tu songes à te sauver ? — Il a souri, oui, il a souri, Henri, avant de murmurer : « En un sens, c'est exact... Sois courageuse, mon petit. » Et avant que je n'aie pu le retenir, il s'est enfermé dans son bureau. J'allais me jeter contre la porte pour le supplier de m'ouvrir lorsque vous avez sonné. Henri... que va-t-il se passer ?

— Madeleine... Vous vous en doutez, n'est-ce pas ?

Sans répondre, elle s'assit dans la bergère près de la fenêtre et pleura sans bruit. Le commissaire gagna le bureau et frappa :

— Chapaize ! c'est moi, Lavollon, au nom de la loi, ouvrez !

Rien ne troubla le silence qui régnait dans la maison.

— Chapaize ! au nom de...

La détonation claqua et l'écho s'en répercuta longuement. Nous restâmes sans bouger tandis qu'on entendait courir dans le jardin. Madeleine Chapaize gémit sourdement. Lavollon s'en fut accueillir l'agent de garde.

— Monsieur le commissaire ! rien de...
— Enfoncez cette porte.

Le flic était jeune et costaud, il eut tôt fait sa besogne. Lavollon pénétra le premier dans la pièce. Il s'arrêta presque sur le seuil et se tournant à peine vers moi, chuchota :

— Il est pour vous, docteur.

Chapaize, renversé dans son fauteuil, semblait de loin avoir été terrassé par le sommeil, mais de près le sang qui recouvrait la partie droite de son visage soulignait assez qu'il ne se réveillerait pas. Une partie de la boîte crânienne avait été emportée. Le pistolet gisait aux pieds du mort. Le commissaire s'était approché.

— Essayez de cacher ce spectacle à Madeleine.

J'ai toujours un grand mouchoir en réserve dans la poche de mon pardessus. Je le dépliai et le jetai sur le visage de celui qui avait été Octave Chapaize. Pendant que je m'occupais de cette macabre besogne, Lavollon lisait la lettre que le défunt avait écrite avant de se suicider. Quand il eut fini, il me la tendit.

Mon cher commissaire,

C'est Bedous et moi qui avons organisé le hold-up. Nous avions l'un et l'autre besoin d'argent. Lui, pour une fille, moi, pour les cartes. Nous sommes devenus des assassins pour qu'on ne s'aperçoive pas que nous étions déjà des escrocs. L'argent ainsi volé nous a permis d'éteindre des dettes très lourdes que nous ne pouvions honorer. Mais Bedous a eu peur et il a décidé de tout avouer. Du moins, je l'imagine puisque j'ai été prévenu qu''il se disposait à se rendre au commissariat pour passer des aveux complets. Dès lors que ce misérable avait décidé de m'entraîner dans sa chute, j'ai pris les devants. De cette façon, j'étais sûr que sa lâcheté ne lui vaudrait pas un régime de faveur.

Je demande pardon à ma femme, sans trop espérer qu'elle l'accordera à ma mémoire. Je demande plus encore pardon à ce malheureux Pierre Tourniac que nous avons ignoblement choisi comme bouc émissaire et qui a été condamné pour un crime dont il ignorait tout. Adieu.

Octave Chapaize.

⁂

Après que les gens de police eurent procédé aux constatations habituelles, et que les employés de la morgue eurent emmené Chapaize auprès de son complice Bedous, Lavollon fit conduire Madeleine chez lui où sa femme prévenue l'attendait. Il était fort tard lorsque le policier et moi quittâmes les lieux. Dans la voiture, Lavollon me dit :

— Il est sans doute écrit, docteur, que je passerai mon temps à vous adresser des excuses. Ainsi, Tourniac est innocent... Comment le retrouver pour le lui apprendre et lui conseiller de retourner en prison quelques jours avant qu'on ne le libère de façon officielle ?

Je reconnus que je n'en savais pas plus que lui sur ce point. J'ajoutai :

— Chapaize avait beau être une fripouille, il ne manquait pas d'un certain sens de l'honneur. Dans sa lettre, il ne parle que de Bedous comme complice.

— Peut-être n'avait-il que lui ?
— Vous le croyez vraiment ?
— Non.

Le commissaire m'ayant raccompagné jusqu'à ma porte, je pris congé de lui. Il tint à me préciser :

— Dès demain matin, je convoquerai Nalliers et Mlle Pointel.

— Je voudrais deviner quelle sera leur réaction en apprenant la mort des deux autres...

— Moi, ce que je voudrais deviner c'est le nom de celui qui a téléphoné à Bedous que je le convoquais au commissariat et qui, ensuite, a appelé Chapaize pour lui apprendre que son ami avait l'intention de le trahir.

— Vous pensez à Tourniac ?

— Et vous ?

En guise de réponse, je haussai les épaules pour laisser entendre que toute cette histoire me dépassait. En introduisant ma clef dans la serrure, je ne pouvais m'empêcher de penser que si Pierre était l'auteur de ce traquenard-justicier, c'est qu'il était beaucoup plus malin que nous ne l'imaginions tous.

⁂

A ma grande surprise, je trouvai l'appartement éclairé. Adeline et Elisabeth guettaient ma venue.

— Comment, vous n'êtes pas encore couchées ?

Elisabeth me fit un gentil sourire.

— Pépé, on se faisait du mauvais sang. On avait peur qu'il te soit arrivé quelque chose !

J'adressai mes reproches à la gouvernante.

— Ce n'est pas très sérieux ! Il y a longtemps que cette gamine devrait dormir !

— Je ne peux pas dormir quand je sais que tu n'es pas là !

Allez donc grogner après ça !

Je m'interrogeai intérieurement pour décider si j'aurais ou non la volonté de remettre au lendemain l'annonce de la grande nouvelle : l'innocence enfin reconnue de Pierre Tourniac. Je ne pus me résoudre à me taire tant il me tardait de constater leur joie.

— Au fond, vous avez peut-être bien agi en veillant aussi abusivement, j'ai quelque chose de formidable à vous apprendre.

Je regardai les deux visages tendus vers moi, l'un fripé, l'autre lisse, des yeux usés et des yeux clairs, mais dans les deux regards la même flamme.

— Pierre Tourniac est innocent !

Elles ne réagirent pas à la façon que j'espérais. Elisabeth se contenta de remarquer.

— On en est sûres depuis longtemps, pépé.
Adeline gronda :
— En fait de formidable...
Vexé, je haussai le ton.
— Mais vous ne comprenez donc rien à rien ma parole ! Tant que nous étions les seuls à croire à son innocence, cela ne faisait ni chaud ni froid à Pierre en ce qui concerne sa situation par rapport à la loi ! mais maintenant que sa non-culpabilité est officiellement — vous entendez bien ? O-FFI-CIE-LLE-MENT reconnue — on va le libérer dès qu'on saura où il se cache !
Méfiante, la gouvernante demanda :
— Et ça s'est fait d'un coup, comme ça, en pleine nuit ?
— Oui.
— Et de quelle façon, s'il vous plaît ?
— De la façon la plus simple et la moins discutable : les aveux du véritable meurtrier, de l'auteur du hold-up.
Brièvement, je leur rapportai la mort de Bedous et le suicide de Chapaize, en insistant sur la lettre où il reconnaissait son forfait et nommait son complice. Je pris Elisabeth dans mes bras.
— Est-ce que tu réalises, ma chérie, que Pierre sera bientôt de retour parmi nous et qu'il viendra te remercier de n'avoir jamais douté de lui ?
Parce qu'elle ne me répondait pas, j'écartai son visage de mon épaule et je m'aperçus qu'elle pleurait. Déconcerté, je me tournai vers Adeline qui me dit :
— On pleure aussi quand on est heureux, docteur, et puis l'émotion, ces cadavres...
Je m'en voulus de m'être laissé emporter par mon côté cabotin. Je n'aurais pas dû leur parler de ces morts violentes, elles les auraient toujours

apprises assez tôt. Je portai moi-même Elisabeth sur son lit. Je n'y avais pas grand mérite, car elle ne pesait pas lourd ma pauvre petite infirme et lorsque Adeline l'eut soigneusement bordée, je l'embrassai avec toute la tendresse dont je débordais pour mon enfant que j'avais choisie.

∗

Cette nuit-là, je fus dans l'impossibilité de trouver le sommeil tant j'étais énervé. Exaspéré par cette insomnie tenace, je profitai de la douceur nocturne et ayant revêtu ma robe de chambre, je me mis à mon poste d'observation habituel, la fenêtre. On ne voyait guère le Tarn dont on entendait le grondement continu, bruit si familier qu'il me faut prêter attention pour en avoir conscience. Les masses de la cathédrale et du palais de la Berbie se confondaient en une énorme tache noire qui donnait l'impression de vouloir escalader le ciel. Les premiers travailleurs de l'aube n'étaient pas encore sortis de chez eux. Toutefois, on voyait luire les lumières matinales. Des hommes et des femmes se préparaient aux travaux quotidiens. Troupeau écrasé par une fatigue sans fin, ils allaient bientôt gagner les moyens de transport qui les emporteraient vers les usines. C'est ce qu'on appelle vivre.

Petit à petit, j'entendais ma ville reprendre sa respiration. Le silence de la nuit le cédait peu à peu aux mille rumeurs du jour. Après la longue absence du sommeil, la population revenait à la réalité. Les soucis, les chagrins reprenaient lentement possession des esprits et je me disais que je connaissais au moins deux femmes qui s'éveillaient — en supposant qu'elles aient pu reposer — pour supporter une charge trop lourde pour elles. Mme Bedous,

Madeleine Chapaize... J'essayais d'imaginer à quoi ressemblait la Toulousaine qui attendrait inutilement la visite hebdomadaire de son amant. Le revolver du banquier avait mis sens dessus dessous un petit monde clos, plein d'intrigues, de mensonges et de calculs.

Je tentais de me représenter ce que serait la réaction de l'opinion, d'abord lorsqu'elle serait mise au courant du meurtre de Bedous, ensuite du suicide de Chapaize et plus encore, de quelle façon elle accepterait l'annonce de l'erreur judiciaire commise aux dépens de Pierre Tourniac. La police et les juges n'allaient pas avoir la partie belle et j'en éprouvais du regret pour le commissaire Gajoubert. Il s'était cruellement trompé, peut-être justement parce qu'il ne se voulait pas psychologue et se limitait aux preuves sans trop se soucier de la mentalité profonde des individus soupçonnés. Il y avait bien des chances pour que cette erreur susceptible de soulever un scandale, pesât lourd sur sa carrière.

Et Pierre ? Il ne se doutait certainement pas, dans la cachette où il vivait les heures fiévreuses de tous les êtres traqués, qu'il était presque redevenu un homme libre et que chacun l'attendrait bientôt pour le fêter, le plaindre et prendre énergiquement sa défense... après coup. Mon impuissance à prévenir le fugitif, me désolait. J'aurais tant aimé être le premier à lui apporter la bonne nouvelle et l'amener auprès d'Elisabeth et d'Adeline, auprès de celles qui, jamais, n'avaient douté de lui.

Evoquer Pierre Tourniac me conduisit tout naturellement à penser à Mado et à Nalliers. Eux aussi se sentiraient traumatisés en sachant que l'innocence du fugitif était admise avant que d'être proclamée. Quelle serait l'attitude de Mado ? Je souhaitais de tout cœur que Lavollon ait eu raison et que

Bedous ait été le seul complice de Chapaize, mais c'était difficile à admettre. Si Pierre avait dit la vérité en ce qui concernait le hold-up, pourquoi aurait-il menti au sujet de la partie de campagne projetée et de la visite de Mado chez lui ?

Quoi qu'il en soit, bien des troubles, bien des misères étaient encore à prévoir. Je m'endormis dans le matin déjà solidement installé.

*
**

Je me réveillai vers dix heures, la bouche pâteuse et un mal de tête carabiné. Je n'avais plus du tout envie de me lever et j'appelai Adeline pour qu'elle me donne un verre d'eau et des comprimés d'aspirine. Elle me répondit qu'elle allait me préparer ce que je réclamais, mais que je devais me lever, le commissaire Lavollon réclamant ma visite au plus tôt.

— Il a téléphoné à 8 heures et demie et désirait que je vous tire du lit. Je lui ai répliqué qu'il ne fallait pas y compter, que je me sentais responsable de votre santé et que je n'avais pas du tout envie de vous assassiner. Bref, on a eu des mots, mais j'ai eu le dernier. A la fin, il s'est radouci et a admis que je vous laisse reposer. En échange, j'ai dû lui promettre de vous envoyer chez lui le plus tôt possible.

— Vous a-t-il confié ce qu'il me voulait ?

— Non, mais son humeur, à mon avis, ne laisse rien présager de bon.

— Adeline, le nommé Lavollon commence à me fatiguer. Il passe son temps à me menacer ou à m'adresser des excuses. Ça devient lassant !

— J'ai toujours pensé, docteur, que vous n'aviez pas des relations dignes de vous.

Si Lavollon l'avait entendue...

⁂

Pour me prouver à moi-même que nul — fût-il commissaire de police — n'avait, sans motif grave, le droit d'attenter à ma liberté, je partis d'un pas tranquille, un pas de retraité, vers le bureau de cet agité de Lavollon. Le planton m'introduisit, aussitôt arrivé.

— Alors, quoi ? il y a le feu ?

Hargneux comme peut l'être un homme qui a mal dormi, parce qu'il a commis une série de sottises destinées à être connues de tous, le policier me répondit :

— Il vaudrait mieux, pour vous, que vous ayez flambé cette nuit !

— Je constate avec plaisir que vous plaisantez de bonne heure.

Il flanqua un coup de poing sur sa table.

— Où voyez-vous que je plaisante ?

— Votre comportement est difficile à expliquer autrement.

— Vous trouvez ? Eh bien ! docteur, il y a une autre explication : par exemple, lorsqu'un fonctionnaire d'autorité se voit trahi par un ami qui met tout son zèle à bafouer la justice au risque de faire s'entre-tuer les gens !

— Voilà une belle entrée en matière. Vous me concéderez, cependant, qu'elle réclame quelques éclaircissements ?

— Sans doute et ces éclaircissements, c'est vous qui allez me les apporter en répondant à la question suivante : docteur, pouvez-vous me dire comment il se fait que...

Je ne devais pas entendre la question que voulait

me poser Lavollon, car un tumulte dans la pièce précédant la nôtre, coupa la parole au commissaire. Il écouta :

— Ma parole, on se bat !

Il se dressait pour aller voir ce qu'il se passait lorsque la porte s'ouvrit avec violence devant une Mado échevelée par la lutte qu'elle menait contre l'agent Briouze qui essayait vainement de la retenir tandis qu'un de ses collègues tentait de s'opposer à la ruée en avant de Gilbert Nalliers. Lavollon cria :

— Mais qu'est-ce que cela signifie ?

En réponse, Mado hurla :

— Au secours ! au secours !

Lavollon l'empoigna par les épaules et la secoua :

— Calmez-vous, mademoiselle ! je vous l'ordonne !

— Me calmer quand j'ai un assassin à mes trousses ! Vous devez me protéger !

Nalliers, qui était parvenu à se dégager, lança :

— Ne l'écoutez pas ! Elle est folle !

— Folle ! Bedous n'est peut-être pas mort ? et Chapaize ? N'est-ce pas, monsieur le commissaire, qu'ils sont morts ?

— Comment le savez-vous ?

— On me l'a appris par téléphone.

— Qui ?

— Je l'ignore et ça n'a pas d'importance ! la seule chose qui compte est qu'on les a tués et que mon tour va venir ! Il a juré de nous abattre tous pour se venger !

Gilbert, hors de lui, croassa :

— Tu vas te taire, espèce d'idiote ! tu vas te taire !

— Je préfère aller en prison que de mourir !

Nalliers, d'une secousse, s'arracha aux agents qui le surveillaient et se jeta sur Mado, le poing levé. Le commissaire eut tout juste le temps de s'interposer. Il reçut le choc sur l'épaule, ce qui augmenta sa mauvaise humeur.

— Collez-lui les menottes, ça le calmera !

Sitôt qu'il eut les poignets enchaînés, l'assureur parut s'effondrer. Tête basse, il psalmodiait :

— La garce... la sale garce... la garce...

Je compris que nous approchions du dénouement et en même temps qu'une joie profonde m'agitait, je ne pouvais m'empêcher de redouter ce qui allait se produire, en pensant aux Pointel. Lavollon, lui aussi, avait sûrement deviné. Avant de s'adresser à Mado, il me jeta un coup d'œil.

— Mademoiselle... Pourquoi souhaitez-vous aller en prison ?

Le visage déformé par la peur et les larmes, elle gémit :

— Pour que Pierre ne me tue pas comme il a tué Bedous et Chapaize !

— Il n'y a pas de raison pour que...

— Si !

Nalliers tenta un dernier effort pour lui imposer silence.

— Par pitié, Mado, tais-toi...

Elle secoua la tête.

— Trop tard, Gilbert... Bedous et Chapaize ont payé... A notre tour, maintenant.

L'assureur nous prit dérisoirement à témoins.

— Quand je pense que je la croyais une fille bien !

Le commissaire commença à jouer sa partie.

— Ainsi, mademoiselle, vous estimez que Tourniac nourrit à votre endroit les mêmes desseins qu'à l'égard de feux Chapaize et Bedous ?

— J'en suis sûre !

— Et pourquoi ?

— Parce qu'il sait que j'ai été leur complice.

Nalliers eut un râle de désespoir.
— Elle fout tout par terre...
Lavollon pressa Mado.
— Mademoiselle. Avant de mourir, Chapaize nous a assuré que Tourniac n'était pas l'auteur du hold-up.
— Il a dit la vérité.
— Vous connaissez donc l'assassin ?
— Oui.
— Qui est-ce ?
Elle hésita à peine et montrant Gilbert du doigt :
— Lui.
Nalliers ne s'emporta pas.
— D'accord, commissaire, j'avoue... Il ne me reste pas autre chose à faire, n'est-ce pas ? Cette idiote a tout gâché, tout démoli... Seulement, je tiens à préciser qu'elle est dans le bain et jusqu'au cou !
Lavollon fit emmener l'assureur et ordonna à Mado :
— Parlez, je vous écoute... Briouze, écrivez.
Et j'entendis la lamentable histoire de cette fille sans scrupule qui n'avait qu'un souci dans la vie : devenir riche le plus vite possible. Elle avait rencontré en Nalliers l'homme bâti pour la comprendre et l'assureur lui-même avait eu parfois pour compagnons de débauche, Chapaize et Bedous. Tous les trois dépensaient au-dessus de leurs moyens et le moment arriva où le banquier fut guetté par la banqueroute, le commerçant par la faillite. Quant à Gilbert, il s'était rendu coupable de sérieuses indélicatesses — jusqu'ici camouflées — au détriment de sa maison. Pour tous, il devenait urgent de trouver de l'argent, beaucoup d'argent. Bedous avait eu l'idée du hold-up, Chapaize avait manigancé le piège où devait tomber Tourniac et Nalliers s'était chargé de l'exécution. Mado avait accepté de séduire le pauvre Pierre, en sachant qu'il serait la pitoyable

victime de la combinaison. Elle avait proposé à celui qui se croyait son fiancé, cette fameuse sortie du lundi. Elle était passée le soir chez lui et en avait profité pour lui dérober le pistolet. Bedous avait prêté l'auto et lorsque Pierre l'avait ramenée au garage, Nalliers, qui était auprès du commerçant, n'avait eu qu'à se mettre au volant pour accomplir son forfait. Le meurtre des employés de la banque n'était pas prévu. On se figurait qu'ils lèveraient les bras sous la menace d'une arme. Il n'en avait rien été et Gilbert fut contraint de les tuer. Le témoin de la scène ayant été repéré par l'assureur, celui-ci lui donna le temps de noter le numéro de la voiture qu'il fila ranger pas loin du domicile de Tourniac, chez qui il monta remettre le pistolet, alors que Tourniac était parti se promener, sans but, afin d'apaiser sa déception. Les complices s'étaient partagé les cinquante millions anciens et avaient pris l'engagement de ne dépenser leur part qu'avec la plus grande parcimonie. Une affaire merveilleusement arrangée dans laquelle la police ne pouvait voir que du feu. Et pourtant, Elisabeth avait deviné...

Mado signa sa déposition qu'on lut à Nalliers qui ne réagissait plus. Faux dur, il s'écroulait lorsque la réalité s'avérait plus forte que ses divagations. Il n'éleva aucune protestation, se contentant de dire avant de signer, à son tour, ses aveux :

— Sans elle, rien n'aurait été possible.

Le commissaire approuva :

— Je pense et je souhaite que ce soit l'opinion des juges lorsque vous vous présenterez tous deux aux assises. Maintenant, je vais vous apprendre quelque chose qui va vous étonner...

Il se passa la langue sur les lèvres comme un gourmet s'apprêtant à déguster un plat de choix :

— Ce n'est pas Tourniac, mais Chapaize qui a

tué Bedous, avant de se suicider. Il ne vous avait pas accusé et nous n'avions pas grand-chose contre vous, sauf l'hypothétique mensonge de Mado, qu'on ne pouvait prouver et des soupçons invérifiables.

Hébété, Nalliers fixait le policier, les yeux ronds.

— Alors... alors si... si elle n'avait pas parlé...

— Vous ne seriez pas là en ce moment.

L'assureur bondit de sa chaise, surprenant les gardiens et se jeta de tout son poids sur sa complice qu'il frappa durement au visage de ses mains liées. Mais Mado ne le sentit pas, perdue dans une crise nerveuse qui avait commencé par un rire hystérique en entendant Lavollon lui révéler qu'elle s'était dénoncée alors que rien ne l'y obligeait.

Lorsque nous fûmes de nouveau en tête à tête, le commissaire et moi, je retrouvai mon sang-froid que cette scène pénible m'avait fait perdre et d'une voix encore incertaine, je dis :

— Voilà une affaire terminée, cher ami, et qui prouve que les méchants sont toujours punis.

Lavollon me jeta un regard indéfinissable.

— Vous avez beaucoup, beaucoup de chance, docteur, que les coupables aient avoué.

— Moi ? et pourquoi, je vous prie ?

— Parce que ces aveux arrêtent l'action de la justice.

— Franchement, je ne comprends pas.

— Vous ne comprenez pas quand vous ne voulez pas comprendre.

— Vous m'ennuyez, à la fin, avec vos façons sybillines !

— Vous tenez à ce que je mette les points sur les i ?

— Je vous en serais obligé !

— Docteur, si je vous ai prié de venir ici, en dépit de la colère de votre gouvernante, c'était pour vous annoncer une nouvelle qui m'a été communiquée ce matin, de très bonne heure par Toulouse, et qui n'est pas encore dans les journaux.

— Quelle nouvelle ?

— Le second des deux fugitifs, celui qui n'a pas été réduit en bouillie par le train, a été arrêté, cette nuit, près de Saint-Jean-Pied-de-Port...

J'eus brusquement de la peine à déglutir, pressentant ce qui allait suivre.

— ... et ce n'est pas Pierre Tourniac, docteur.

— Ce n'est pas... allons donc ! C'est impossible !

— C'est possible, docteur, car cela est !

L'esprit en déroute, j'essayais de me raccrocher à la logique... Voyons, Pierre ne pouvait être mort, puisque... Mais, bon sang ! qu'est-ce que tout cela signifiait ?

Lavollon se leva, vint à moi et prenant appui sur les deux bras de mon fauteuil, pencha son visage vers le mien :

— Si ce malheureux Tourniac n'avait payé de sa vie un crime qu'il n'a pas commis, ne croyez-vous pas que je serais en droit de vous demander de m'expliquer comment un mort a pu écrire par deux fois à votre fille et passer plusieurs heures dans sa chambre ?

J'aurais voulu pouvoir répondre à cette question. Je me débattais dans une sorte de brouillard. Regagnant sa place, le commissaire continuait :

— C'est parce que je pense à la peine que va avoir une fillette infirme en apprenant la mort de son héros, que je ne vous poserai pas officiellement la question que je viens de vous poser officieusement...

Brusquement, j'oubliai mon désarroi pour ne plus penser qu'à la terrible réalité de la mort de Pierre et au chagrin d'Elisabeth. A l'extrême difficulté que j'éprouvais à me traîner jusqu'à la porte, je réalisai à quel point j'avais vieilli en quelques minutes. Je m'apprêtais à franchir le seuil de son bureau lorsque Lavollon ajouta :

— ...et aussi parce que je vous aime bien.

※

Je mis un temps infini à rejoindre ma demeure. Je m'interrogeais sur les événements passés. Je ne parvenais pas à trouver une explication raisonnable. C'était fou... incroyable... Ce fut sur le Pont Vieux que je pris conscience qu'il me fallait apprendre à Elisabeth la mort de Pierre, ce qui risquait, sinon de la tuer, du moins de la plonger dans un abattement qui pouvait avoir les plus graves conséquences pour sa santé.

Quand je les vis, toutes les deux, dans la cuisine, mon cœur se serra. Ce coup qu'il me fallait leur porter ! Adeline me regarda et grave, s'enquit :

— Eh bien ?

— C'est fini... Mado et Nalliers ont avoué... On ne les reverra plus...

La gouvernante ne pipa mot, mais de sa petite voix triste, celle de ses mauvais jours, Elisabeth dit :

— On ne reverra donc plus personne, puisque Pierre est mort.

Je la contemplai, pétrifié. Il n'était pas possible que cette enfant ait un don de divination ! Je n'ai jamais cru à ces sottises et je ne vais pas y ajouter foi, la septentaine dépassée !

— Ma chérie... comment le sais-tu ?

Elle sortit de sa poche un petit paquet de laines multicolores tressées, ayant vaguement la forme d'un pantin et me chuchota :

— On a trouvé le même, sur le cadavre... C'était le pendant de celui-là... Je le lui avais donné, la dernière fois qu'il est venu.

Alors, seulement, elle se mit à pleurer et ses larmes me libérèrent de la confusion qui m'embrumait le jugement. Je compris tout ce qui s'était passé près de moi, sans que je m'en aperçoive.

Je les ai laissées à leur chagrin et sans ajouter un mot, je me suis réfugié dans mon bureau. Le déjeuner d'Adeline attendrait. Je n'avais nulle envie de manger. Elles m'avaient menti toutes deux... C'est cela que j'avais de la peine à admettre... Et pourtant, il me fallait convenir que si elles avaient agi de la sorte, à mon égard, c'est qu'elles n'avaient pas eu confiance en moi... Pouvais-je les en blâmer ? Mais, quoi que je puisse leur trouver comme excuse, je devais avouer que ce complot entre une vieille femme et une enfant — fussent-elles poussées par le plus noble des motifs — présentait quelque chose de monstrueux. Impitoyables, attentives, acharnées, elles avaient traqué les bourreaux de Pierre avec une patience que rien ne rebutait. Avant tout le monde, elles avaient su que Tourniac était mort et sans laisser paraître leur peine, elles avaient poursuivi leur vengeance. Qui était le cerveau dans cette association ? J'optai pour Elisabeth qui avait l'inconsciente cruauté des enfants ne s'embarrassant pas de scrupules qu'ils ignorent ou presque.

J'entendais encore Elisabeth m'annoncer la visite de Pierre et Adeline témoignant du fait. Qui aurait pu douter de leur sincérité ? La petite fille raconte ce qui lui est arrivé, la gouvernante confirme ses dires... Ce qui me désorientait encore, c'était le nouveau visage d'Adeline qui m'apparaissait brusquement... Jamais je n'aurais soupçonné qu'elle fût un être de passion. Pourtant, je vivais depuis longtemps auprès d'elle...

En vérité, inventer la visite de Pierre ne demandait que du sang-froid, mais les lettres ? qui les avait écrites ? Soudain je me suis souvenu de ce don extraordinaire que manifestait Elisabeth pour imiter les écritures, les voix et, en même temps, je me rappelais que, depuis deux années au moins, depuis l'arrestation de Tourniac en tout cas, je ne l'avais plus vue ni entendue se livrer à ce qui avait été sa distraction favorite. Sans doute, devait-elle guetter mes sorties pour s'entraîner avec Adeline comme public. Cette nouvelle preuve de méfiance à mon endroit me faisait mal et pourtant, il me fallait convenir qu'elles étaient contraintes à cette méfiance puisqu'elles savaient que, par respect pour la justice, je l'eusse trahie, persuadé d'accomplir mon devoir. En se cachant de moi, elles prenaient soin de ne pas attirer mon attention sur leurs exercices.

Peu à peu, tout m'apparaissait clair, net, évident. Je distinguais, l'un après l'autre, les rouages de la combinaison mise sur pied par ma fille et ma gouvernante. La lettre du fugitif timbrée d'Albi, c'était vraisemblablement Adeline qui l'avait postée. Quant à celle arrivée de Montauban, il me fallut me souvenir que la camarade d'Elisabeth était partie chez ses grands-parents qui habitaient le chef-lieu du Tarn-et-Garonne. Il suffisait donc que ma fille envoyât, dans une lettre adressée à son amie, une lettre timbrée à son nom et qui porterait le cachet de Montauban. Sur cette lancée, il me semblait évident que c'était elles encore les correspondantes anonymes qui avaient profité de mon absence pour convoquer Bedous au commissariat à une heure précise, avertir Chapaize de la soi-disant trahison de son complice, et enfin affoler Mado en lui annonçant la mort des deux autres. Adeline, avec sa voix grave, avait pu se charger d'alerter Bedous tandis qu'Elisabeth, imitant Mado avait pu prévenir Chapaize et prendre un ton impersonnel pour appeler sa sœur, laquelle avait peut-être cru parler à l'une des deux veuves de fraîche date.

Tant de candeur et tant de duplicité... Je ne savais plus très bien où j'en étais. Devais-je accepter ? Devais-je m'indigner ? Me résignerais-je à avoir été le spectateur berné de la tragédie qui se jouait à mon insu ? Déclencherais-je les hostilités en fichant Adeline à la porte ? J'hésitai longuement et puis j'optai pour le silence, parce que c'est un des privilèges essentiels de l'âge de savoir que le bonheur ne s'accommode bien que du silence.

Quand j'entrai dans la cuisine, deux visages aux inquiétudes différentes se tournèrent vers moi. Je souris et demandai :

— Alors, Adeline, qu'attendez-vous pour m'appeler ? Je crois bien que je me suis un peu endormi et j'ai terriblement faim.

L'atmosphère se détendit. Je pris ma place habituelle et je m'aperçus qu'Elisabeth avait placé auprès de son assiette le petit pantin de laines multicolores. Pierre restait avec nous.

Les Maîtres du Roman Policier

Première des collections policières en France, Le Masque se devait de rééditer les écrivains qu'il a lancés et qui ont fait sa gloire.

ARMSTRONG Anthony
1859 Dix minutes d'alibi

ARMSTRONG Charlotte
1740 L'étrange cas des trois sœurs infirmes
1767 L'insoupçonnable Grandison

BEEDING Francis
238 Le numéro gagnant

BERKELEY Anthony
1793 Le club des détectives
1880 Une erreur judiciaire

BIGGERS Earl Derr
1730 Le perroquet chinois

BOILEAU Pierre
252 Le repos de Bacchus
(Prix du Roman d'Aventures 1938)
1774 Six crimes sans assassin

BOILEAU-NARCEJAC
1748 L'ombre et la proie
1829 Le second visage d'Arsène Lupin
1849 Le secret d'Eunerville
1868 La poudrière
1889 La justice d'Arsène Lupin

BRUCE Leo
261 Trois détectives
1788 Sang-froid

CARR John Dickson
1274 Impossible n'est pas anglais
1735 Suicide à l'écossaise
1785 Le sphinx endormi
1794 Le juge Ireton est accusé
1799 On n'en croit pas ses yeux
1802 Le marié perd la tête
1843 Les yeux en bandoulière
1850 Satan vaut bien une messe
1863 La maison du bourreau
1876 La mort en pantalon rouge
1883 Je préfère mourir
1891 Le naufragé du Titanic *(juil. 87)*
1898 Un fantôme peut en cacher un autre *(oct. 87)*
1906 Meurtre après la pluie *(déc. 87)*

CRISPIN Edmund
1839 Un corbillard chasse l'autre

DARTOIS Yves
232 L'horoscope du mort

DIDELOT Francis
1784 Le coq en pâte

DISNEY Doris Miles
1811 Imposture

DOYLE Sir Arthur Conan
124 Une étude en rouge
1738 Le chien des Baskerville

ENDRÈBE Maurice Bernard
1758 La pire des choses

FAIR A.A.
1745 Bousculez pas le magot
1751 Quitte ou double
1770 Des yeux de chouette
1905 Le doigt dans l'œil *(déc. 87)*

FAST Julius
1901 Crime en blanc *(nov. 87)*

GARDNER Erle Stanley
1797 La femme au masque

GOODIS David
1823 La police est accusée

HALL G. Holliday
1892 L'homme de nulle part *(juil. 87)*

HEYER Georgette
297 Pourquoi tuer un maître d'hôtel ?
484 Noël tragique à Lexham Manor

HUXLEY Elspeth
1764 Safari sans retour

IRISH William
1875 Divorce à l'américaine
1897 New York blues *(oct. 87)*

JEFFERS H. Paul
1807 Irrégulier, mon cher Morgan

KASTNER Erich
277 La miniature volée

KING Rufus
375 La femme qui a tué

LEBLANC Maurice
1808 Arsène Lupin, gentleman cambrioleur
1819 L'aiguille creuse

LEBRUN Michel
1759 Plus mort que vif

LEVIN Ira
1895 La couronne de cuivre *(sept. 87)*

LOVESEY Peter
1201 Le vingt-sixième round
1798 La course ou la vie
1803 Le bourreau prend la pose
1869 Bouchers, vandales et compagnie
1887 Le médium a perdu ses esprits
(Prix du Roman d'Aventures 1987)
1888 Ô, mes aïeux !

MAGNAN Pierre
1778 Le sang des Atrides
1804 Le tombeau d'Helios

MILLER Wade
1766 La foire aux crimes

MILNE A.A.
1527 Le mystère de la maison rouge

NARCEJAC Thomas
355 La mort est du voyage
(Prix du Roman d'Aventures 1948)
1775 Le goût des larmes

PALMER Stuart
117 Un meurtre dans l'aquarium
1783 Hollywood-sur-meurtre

PRONZINI Bill
1737 L'arnaque est mon métier

QUENTIN Patrick
166 Meurtre à l'université
251 L'assassin est à bord
1860 Lettre exprès pour miss Grace

ROSS Jonathan
1756 Une petite morte bien rangée

RUTLEDGE Nancy
1753 Emily le saura

SAYERS Dorothy L.
174 Lord Peter et l'autre
191 Lord Peter et le Bellona Club
1754 Arrêt du cœur

SÉCHAN O. et MASLOWSKI I.
395 Vous qui n'avez jamais été tués
(Prix du Roman d'Aventures 1951)

SHERRY Edna
1779 Ils ne m'auront pas

SLESAR Henry
1776 Mort pour rire

STAGGE Jonathan
1736 Chansonnette funèbre
1771 Morphine à discrétion
1789 Du sang sur les étoiles
1809 La mort et les chères petites
1818 Le taxi jaune
1833 Pas de pitié pour la divine Daphné

STEEMAN Stanislas-André
84 Six hommes morts
(Prix du Roman d'Aventures 1931)
95 La nuit du 12 au 13
101 Le mannequin assassiné
113 Un dans trois
284 L'assassin habite au 21
305 L'ennemi sans visage
388 Crimes à vendre
1772 Quai des Orfèvres
1812 La morte survit au 13
1854 Le trajet de la foudre
1864 Le condamné meurt à 5 heures
1902 Le démon de Sainte-Croix *(nov. 87)*

TEY Josephine
1743 Elle n'en pense pas un mot

THOMAS Louis C.
1780 Poison d'avril

VERY Pierre
60 Le testament de Basil Crookes
(Prix du Roman d'Aventures 1930)

WALSH Thomas
1872 Midi, gare centrale

WAUGH Hillary
1814 Cherchez l'homme
1840 On recherche...
1884 Carcasse

LE MASQUE

BABSON Marian
1712 Chapeau, miss Orpington!

BACHELLERIE
1791 L'île aux muettes
 (Prix du roman d'Aventures 1985)
1795 Pas de quoi noyer un chat
 (Prix du Festival de Cognac 1985)
1796 Il court, il court, le cadavre
1800 La rue des Bons-Apôtres

BARNARD Robert
1714 Ah! quelle famille

BENNETT Dorothea
1765 Deux et deux font trois

BENZIMRA André
1717 Pour te revoir, Jonathan

BRETT Simon
1787 Le théâtre du crime
1813 Les coulisses de la mort
1858 Chambres avec vue sur la mort

BRUCE Leo
1658 Le tueur d'Albert Park

BURLEY W.J.
1762 On vous mène en bateau

CHRISTIE Agatha
1882 Le flambeau *(inédit. mai 87)*
 (85 titres parus, voir catalogue général)

CLARKE T.E.B.
1724 Meurtre au Palais de Buckingham

DEVINE Dominique
1725 Week-end tragique

ELLIN Stanley
1670 Le compagnon du fou
1682 La puce de Beidenbauer
1702 La douzième statue
1729 La dernière bouteille

EXBRAYAT
 (96 titres parus, voir catalogue général)

FERRARS Elisabeth
1704 Les cendres du passé

FERRIERE Jean-Pierre
1732 Un climat mortel

FORESTER C.S.
1706 A deux pas du gibet

GRAYSON Richard
1726 Meurtre sur la butte

GRIMES Martha
1703 Un si paisible village
1848 La belle au bois mourant

GRISOLIA Michel
1838 Les sœurs du Nord
 (Prix du Roman d'Aventures 1986)
1846 L'homme aux yeux tristes
1847 La madone noire
1874 La promenade des anglaises
1890 650 calories pour mourir *(juil. 87)*

GUIBERT Michel
1610 Le vieux monsieur aux chiens
 (Prix du Roman d'Aventures 1980)
1705 Et si on tuait Bérénice?
1716 Le pot-au-feu de Mme da Ponte

HAUSER Thomas
1853 Agathe et ses hommes

HUMES Larry H.
1708 Saut périlleux

JOBSON Hamilton
1763 Pas un mot aux journaux!

JONES Cleo
1879 Les saints ne sont pas des anges

LOVELL Marc
1693 Enquête au royaume des morts

McCLOY Helen
1697 Permission de tuer

MONAGHAN Hélène de
1379 La mauvaise part
 (Prix du Roman d'Aventures 1975)
1683 Demain six heures

POURUNJOUR Caroline
1746 Des voisins très inquiétants
 (Prix du Festival de Cognac 1984)

POWERS Elisabeth
1731 Tout ce qui brille

RENDELL Ruth
1589 Étrange créature
1601 Le petit été de la Saint Luke
1616 Reviens-moi
1640 Un amour importun

1649 Le lac des ténèbres
1661 L'inspecteur Wexford
1718 La fille qui venait de loin
1747 La fièvre dans le sang
1773 Qui ne tuerait le mandarin?
1806 Son âme au diable

ROUECHÉ Berton
1727 Le crime ne fait pas le bonheur

SALVA Pierre
1570 Des clients pour l'enfer
    (Prix du Roman d'Aventures 1979)
1707 Le diable et son train... électrique
1739 Quand le diable ricane
1828 Le diable au paradis perdu

SIMPSON Dorothy
1710 Le secret de Julie

SMITH J.C.
1715 La clinique du Dr Ward

STEIN Aaron Marc
1760 Barbara sur les bras

TANUGI Gilbert
1699 Meurtres en eaux profondes
1709 Le jeune homme assassiné

TAYLOR Elizabeth A.
1810 Funiculaire pour la morgue

TERREL Alexandre
1733 Rendez-vous sur ma tombe
1749 Le témoin est à la noce
    (Prix du Roman d'Aventures 1984)

1757 La morte à la fenêtre
1777 L'homme qui ne voulait pas tuer
1792 Le croque-mort de ma vie
1801 Le croque-mort s'en va-t-en bière
1822 Le croque-mort et les morts vivants
1867 Le croque-mort et sa veuve
1904 Enterrez le croque-mort ! *(déc. 87)*

THOMSON June
1594 Le crime de Hollowfield
1605 Pas l'un de nous
1720 Claire... et ses ombres
    (Prix du Roman d'Aventures 1983)
1721 Finch bat la campagne
1742 Péché mortel
1769 L'inconnue sans visage
1781 L'ombre du traitre

TRIPP Miles
1679 L'attentat du fort Saint-Nicolas
1700 Vol en solo
1790 Tromper n'est pas jouer

UNDERWOOD Michaël
1817 Trop mort pour être honnête
1842 A ne pas tuer avec des pincettes

WAINWRIGHT John
1689 L'homme de loi
1711 Le prochain sur la liste

WATSON Colin
1701 Tempête sur Flaxborough

WYLLIE John
1722 La tête du client
1752 Pour tout l'or du Mali

Le Club des Masques

BAHR E.J.
493 L'étau
BARNARD Robert
535 Du sang bleu sur les mains
557 Fils à maman
CHEYNEY Peter
  6 Rendez-vous avec Callaghan
 23 Elles ne disent jamais quand
 31 Et rendez la monnaie
 41 Navrée de vous avoir dérangé
 57 Les courbes du destin
 74 L'impossible héritage
CHRISTIE Agatha
(85 titres parus, voir catalogue général)
CURTISS Ursula
525 Que désires-tu Célia ?
DIDELOT Francis
524 La loi du talion
ENDRÈBE Maurice Bernard
512 La vieille dame sans merci
543 Gondoles pour le cimetière
EXBRAYAT
(96 titres parus, voir catalogue général)
FERM Betty
540 Le coupe-papier de Tolède
FERRIÈRE Jean-Pierre
515 Cadavres en vacances
536 Cadavres en goguette
FISH et ROTHBLATT
518 Une mort providentielle
FOLEY Rae
517 Un coureur de dot
527 Requiem pour un amour perdu
GILBERT Anthony
505 Le meurtre d'Edward Ross
HINXMAN Margaret
542 Le cadavre de 19 h 32 entre en gare
IRISH William
405 Divorce à l'américaine
430 New York blues

KRUGER Paul
513 Brelan de femmes
LACOMBE Denis
456 La morte du Causse noir
481 Un cadavre sous la cendre
LANG Maria
509 Nous étions treize en classe
LEBRUN Michel
534 La tête du client
LONG Manning
519 Noël à l'arsenic
528 Pas d'émotions pour Madame
LOVELL Marc
497 Le fantôme vous dit bonjour
MARTENSON Jan
495 Le Prix Nobel et la mort
MONAGHAN Hélène de
452 Suite en noir
502 Noirs parfums
MORTON Anthony
545 Le baron les croque
546 Le baron et le receleur
547 Le baron est bon prince
548 Noces pour le baron
549 Le baron se dévoue
550 Le baron et le poignard
552 Le baron et le clochard
553 Une corde pour le baron
554 Le baron cambriole
556 Le baron bouquine
558 L'ombre du baron
560 Le baron riposte
563 Le baron voyage
565 Le baron est prévenu
559 Le baron passe la Manche
566 Le baron et les œufs d'or
567 Un solitaire pour le baron
569 Le baron aux abois
570 Le baron et le sabre mongol
571 Le baron et le fantôme
573 Larmes pour le baron
574 Une sultane pour le baron
579 Piège pour le baron
580 Le baron risque tout
581 Le baron et le masque d'or

PICARD Gilbert
477 Le gang du crépuscule
490 L'assassin de l'été

RATHBONE Julian
511 A couteaux tirés

RENDELL Ruth
451 Qui a tué Charlie Hatton ?
501 L'analphabète
510 La danse de Salomé
516 Meurtre indexé
523 La police conduit le deuil
544 La maison de la mort
551 Le petit été de la St. Luke
576 L'enveloppe mauve

RODEN H.W.
526 On ne tue jamais assez

SALVA Pierre
475 Le diable dans la sacristie
484 Tous les chiens de l'enfer
503 Le trou du diable

SAYERS Dorothy L.
400 Les pièces du dossier

SIMPSON Dorothy
533 Le chat de la voisine

STOUT Rex
150 L'homme aux orchidées

STUBBS Jean
507 Chère Laura

SYMONS Julian
458 Dans la peau du rôle

THOMSON June
521 La Mariette est de sortie
532 Champignons vénéneux
577 Pas l'un de nous

UNDERWOOD Michaël
462 L'avocat sans perruque
485 Messieurs les jurés
531 La main de ma femme
539 La déesse de la mort

WAINWRIGHT John
522 Idées noires

WATSON Colin
467 Cœur solitaire

WILLIAMS David
541 Trésor en péril

WINSOR Roy
491 Trois mobiles pour un crime

IMPRIMÉ EN FRANCE PAR BRODARD ET TAUPIN
Usine de La Flèche (Sarthe).
ISBN : 2 - 7024 - 0129 - 5
ISSN : 0768 - 1070